대부모-대자녀 관계 맺음에 익숙지 않은 나는 이 책에서 내가 청년들에게 가르칠 수 있는 무언가를 배우리라 기대했다. 하지만 책장을 넘기면서 마치 내가 스탠리의 대자가 된 듯했다. 덕에 대한 그의 가르침을 따라 나의 성품 구석구석을 살피며 반추하고 있었던 것이다. 그의 지적처럼, "생각과 사색이 좋은 삶을 대신할 수 있다"는 믿음은 큰 착각이다. 15년 동안 그리고 그 이상으로 보여 준 스탠리의 한결같음은 이 책에서 느낄 수 있는 모든 감동의 토대다. 덕스러운 삶을 통해 신앙의 길을 따라 걷고자 하는 이들에게 이 책을 마음 담아 추천한다.

김선욱 숭실대학교 철학과 교수

한때 미덕이 존중받고 흠모의 대상이었던 적이 있다. 하지만 지금은 미덕이 무시 혹은 조롱을 당한다. "비열함이 인생 중에 높임을 받는"(시 12:8) 야만의 시대에, 기독교 신앙은 죄성을 치유받고 "신성한 성품에 참여하는 자"(벧후 1:4)가 되게 해야 하건만, 교회는 아름다운 신앙의 미덕을 주술과 기술로 왜곡시켜 왔다. 그런 의미에서 우리 시대 최고의 신학자인 스탠리 하우어워스의 『덕과 성품』은 매우 소중하다. 그는 이 책에서 평이한 말로 미덕에 대한 신앙적 사색을 담아냈다. 대부모로서 대자인 아이에게 쓴 실제 편지이기에 독자는 마치 저자가 자신에게 말하는 듯한 친근함을 느낀다. 또한 한 편 한 편 읽을수록 신의 성품에 참여하는 것이 얼마나 설레고 벅찬 일인지 느낀다. 차분히 앉아 읽고 곱씹을 책이며, 소중한 이들에게 선물하기에 참 좋은 책이다.

김영봉 와싱톤사귐의교회 목사

스탠리 하우어워스는 샘 웰스의 성장기 아들의 눈으로 여러 덕을 다룬다. 그는 한순간 광대하게 뻗은 진리를 사색하는가 싶다가 다음 순간에는 정치적·개인적 도전을 세밀하게 검토하되 그 과정에서 한결같이 가벼운 느낌과 특유의 텍사스식 투지를 발휘하는데, 이 모습을 보는 일은 더할 나위 없이 기쁘다. 읽고 음미할 책이다.
톰 라이트 신학자, 『그리스도인의 미덕』 저자

이 책에 담긴 하우어워스의 경이로운 편지들은 믿음 안에서 자라는 이들에게 주는 지혜에 그치지 않는다. 이 편지들은 믿음 안에서 아이들을 기르는, 힘들지만 선한 일을 감당하는 부모들과 어떻게 함께할 수 있는지 보여 주는 본이기도 하다.
제임스 스미스 『하나님 나라를 욕망하라』 저자

고전이 될 수밖에 없는 책이다. 스탠리 하우어워스가 대자에게 보낸 지혜롭고 온유하고 친절한 편지들은 위대한 영적 스승이 우리 모두에게 전해 주는, 시대를 초월한 가르침이다.
제임스 마틴 예수회 신부, 작가

스탠리 하우어워스 사상의 정수이자 사랑의 정수. 이 편지들은 우리의 책장 한 자리를 차지해야 마땅하다. 반드시 이 책을 책장에서도 집어 들기 쉬운 곳에 두라. 그리고 이 책을 자주 뽑아서 어디든 펼쳐 놓고 다정하고 신선한 지혜에 흠뻑 빠져 보라.
로렌 위너 듀크 대학교, 『하나님의 표상』 저자 친밀하고 명쾌한 사색을 담아 대자에게 매년 보낸 편지들을 모은 이 책에서 하우어워스는 다양한 덕을 펼쳐 보인다. 그것은 덕의 개발을 촉구하기 위해서가 아니다. 우리가 살면서 발견하는 강력한 실천들과 삶의 형식들 뒤에 덕이 따라온다는 사실을 보여 주기 위해서다.
제니퍼 허트 예일 대학교 신학부

에머슨은 순응을 피하는 삶을 위해서는 나이가 더 많은 친구의 관심 어린 지원이 필요하다고 생각했다. 이 편지들은 대자녀를 해방시키고 세워 주고 싶은 대부모의 열망을, 분명한 기독교적 언어로 구현하고 그 안에서 논의한 덕들을 정확히 드러내는 과정을 보여 준다.
스티븐 멀홀 옥스퍼드 대학교 뉴칼리지

이 책은 스탠리의 '부드러운 면'을 보여 준다고 말해야 할 것 같다. 하지만 내가 경험한 바로는, 그에게 그 외의 다른 면은 없었다. 하우어워스의 글이 으레 그렇듯, 이 책은 직접적 인간관계라는 맥락 안에서 이론적 해설을 제시한다.…지금 손에 든 이 책은 대부모 노릇이라는 중요한 덕을 실행에 옮기는 형식으로 실천적인 기독교적 덕들을 두루 다룬, 본이 될 만한 짧막한 종합 연구서다.
존 밀뱅크 노팅엄 대학교, 『예수는 괴물이다』 저자

형식과 내용 모두에서 더없이 귀중하고 독보적인 책이다.…이 책의 핵심적 통찰은 우리가 사랑하는 것들이 우리 안에서 덕을 끌어낸다는 것이다. 애완동물, 스포츠, 정치 등 우리가 사랑하는 온갖 것들을 풍부한 겸손과 유머와 열정으로 탐구한다.
앤 로즈 더럼 대학교

대자에게 사랑으로 공들여 쓴 편지들에는 하우어워스가 평생 덕과 신학에 관해 쓰면서 쌓인 내공이 고스란히 들어 있다.…하우어워스의 이 우아한 책은 덕스러운 삶을 사는 데 필요한 통찰과 지혜를 모든 독자에게 제공할 것이다.
「퍼블리셔스 위클리」

그룹 스터디용으로, 대자녀의 세례를 앞두고 대부모에게 건넬 선물로, 개인 묵상용으로 아주 훌륭한 책이다.…이 책은 교회가 오늘날의 세상에서 신실하게 살아가도록 요구한다.
「프레스비테리안 아웃룩」

흥미진진하다.…하우어워스는 복음적 가치관과 소통하는 덕 이론을 이해하기 쉽게 가르치는 솜씨 좋은 교사다.…그가 탐구하는 많은 덕은 현대인에게 적절하고 필요한 사색의 주제들이다.
「아메리카」

하우어워스의 편지들은…너무나 충실하고 유익하고 이해하기 쉽다. 이 책은 모든 대부모의 필독서로 자리 잡을 것이다.
「세인트 앤서니 메신저」

덕과 성품

IVP(InterVarsity Press)는
캠퍼스와 세상 속의 하나님 나라 운동을 지향하는
IVF(InterVarsity Christian Fellowship)의 출판부로
생각하는 그리스도인을 위한 문서 운동을 실천합니다.

Copyright ⓒ 2018 by Stanley Hauerwas
Originally published in English as *The Character of Virtue*
by Wm. B. Eerdmans Publishing Co.
4035 Park East Court SE, Grand Rapids, Michigan 49546, USA.
All rights reserved.

This Korean translation edition ⓒ 2019 by Korea InterVarsity Press
156-10 Donggyo-Ro, Mapo-Gu, Seoul 04031, Republic of Korea.

This Korean edition is published
by arrangement of Wm. B. Eerdmans Publishing Co.
through rMaeng2, Seoul, Republic of Korea.

이 한국어판의 저작권은 알맹2 에이전시를 통하여
Wm. B. Eerdmans Publishing Co.와 독점 계약한 IVP에 있습니다.
신 저작권법에 의하여 한국 내에서 보호받는 저작물이므로
무단 전재와 무단 복제를 금합니다.

Dear. Laurence

덕과 성품

From. Stanley Hauerwas

좋은 삶을 일구는
핵심 미덕 14가지

스탠리 하우어워스 | 홍종락 옮김

Ivp

차례

대부모가 된다는 것　11
새뮤얼 웰스

세례를 받는 로렌스 베일리 웰스에게　43
2002년 10월 27일

자비 Kindness　51
2003년 10월 27일

진실함 Truthfulness　61
2004년 10월 27일

우정 Friendship　74
2005년 10월 27일

인내 Patience　87
2006년 10월 27일

소망 Hope　100
2007년 10월 27일

정의 Justice　114
2008년 10월 27일

용기 Courage   122
2009년 10월 27일

기쁨 Joy   133
2010년 10월 27일

단순함 Simplicity   141
2011년 10월 27일

한결같음 Constancy   150
2012년 10월 27일

겸손(과 유머) Humility (and Humor)   160
2013년 10월 27일

절제 Temperance   173
2014년 10월 27일

너그러움 Generosity   183
2015년 10월 27일

믿음 Faith   192
2016년 10월 27일

성품 Character   202
2017년 1월 31일

대부모가 된다는 것

대부모란 무엇인가

'대부모'(godparent)라는 단어는 별 도움이 안 되는 두 이미지를 떠오르게 한다. 하나는 괴이한 고딕풍에다 때로는 좀 무시무시한 이미지다. 프랜시스 포드 코폴라(Francis Ford Coppola) 감독의 1972년작 영화 〈대부〉는 마피아 조직 두목의 눈에 띄지 않는 막내아들이었던 마이클 코를레오네가 살인을 일삼는 조직의 잔혹한 두목이 되는 이야기를 들려준다. 이 영화는 관객에게 바이올린 케이스를 든 사람을 절대 믿지 말라고 가르치고, '대부모'라는 용어를 조작, 폭력, 맹렬한 권력욕과 연결해서 생각하게 만든다. 호프만(E. T. A. Hoffmann)의 이야기를 바탕으로 만든 표트르 일리치 차이콥스키(Pyotr Ilyich Tchaikovsky)의 1892년작 발레곡 "호두까기 인형"에도 대부가 등장한다. 어느 집 아이들이 반짝거리는 크리스마스트리 주변에 모여 있고, 시계가 여덟 시를 알리자 신비로운 드로셀마이어 아저씨가 들어온다. 시의회 의원이면서 마법사이자 그 집의 딸 클라라의 대부인 그는 손수 만든 네 개의 춤추는 인형과 나무로 만든 작은 사람 모양의 호두까기 인형을 가져온다. 호두까기 인형이 한밤중에 실제 사람 크기로 변하면서 나머지 이야기가 진행된다. 이 발레곡이 표현하는 대부모는 미스터리와 우화와 마법 같은 꿈을 공급해 주는 존재다. 그런가 하면 1697년에 샤를 페로(Charles Perrault)가 내놓은 동화 『신데렐라』에는 대모가 나온다. 이 이야기는 이복 언니들에게 구박받으며 사실상 노예처럼 살던 주인공 처녀가 요정 대모의 개입으로 왕자의 무도회에 가고 왕자의 마음을 얻는 과정을 들려준다. 요정 대모가 차분하고 침착하게 마술을 부려 드레스, 신발, 마차, 하인들을 불러낸 덕분이었다. 이 이야기는 특히 어려움에 처한 이들에게 대부모가 꿈을 이루어 줄 수 있다고 가르친다.

    대부모에 대한 이런 역사적 이미지들이 지나치게 강렬하다면, 현대의 이미지들은 예외 없이 차분하다. 아이의 세례를 앞둔 부모들은 기독교에 정통하고, 그럭저럭 웬만한 역할 모델이 되어 주고, 적당히 상기시켜 주기만 하면 크리스마스와 생일 즈음에 잊지 않고 선물을 보내는 삼중의 과제를 진지하게 감당할 만한 친구나 친척을 찾아 초조하게 두리번거린다. 대부모가 되어 달라는 요청을 받아들이는 사람들은 둘로 나뉜다. 대부모의 자리를 명예롭게 여기고 성실하게 그 역할을 수행하며 기도하고 관심을 기울이는 이들이 있는가 하면, 미적거리고 멋쩍어하면서 그 역할을 소홀히 하는 이들이 있다. 그러나 후자의 사람들(아마 대다수가 여기에 해당할 것이다) 편에서 공정하게 말하자면, 그 역할을 감당하는 데 도움을 받을 곳이 별로 없다. 대부모가 뭐하는 사람인지 누가 가르쳐 주는가? 대부모 입문서, 왕초보 대부모를 위한 안내서, 타락한 대부모의 허심탄회한 회고록은 어디에 있는가? '대부모 되기'(being a godparent)로 구글 검색을 해 보면 주로 그리스도인이 아닌 경우에도 대부모가 될 수 있는지 양심적으로 따져 보는 내용들이 나온다. 분명히 여러 예외가 존재하지만, 이 일에 규칙은 없는 듯하다.

스탠리 하우어워스는 초기에 쓴 어느 에세이에서 가십(gossip)의 어원이 갓십(god-sibb, 나이 어린 가족 구성원의 행복을 생각하는 가까운 친지와 친척들의 대화)이라는 점을 지적했다. 오늘날에는 가십이라고 하면 언제나 나쁜 것으로 통한다. 가십은 충실, 신의, 비밀 보장, 감정 이입, 동정 같은 심오한 선은 아랑곳하지 않고 제삼자의 상황이나 행동을 떠벌리는 것이요, 다른 사람의 비밀을 들먹여 활기찬 대화에 능한 사람이라는 평판을 얻는 처사를 가리킨다. 그러나 원래 가십은 아주 가까운 사람 중 적극적으로 의견을 구할 만한 식견을 갖추고 있고 의심할 바 없는 친절한 마음과 진심 어린 관심을 가진 이들 사이에서 이루어졌다.

대부모는 하나님께 신실하고 대자녀에게 충실하며 하나님에 대해 대자녀와 꾸준히 대화를 시도한다. 경건한 **갓십**, 즉 습관적으로 이루어지는 대부모와 대자녀의 대화 주제는 하나님의 길을 어떻게 따라갈 것인가, 우리의 길을 걸어갈 때 곁에서 동행하시는 하나님을 어떻게 발견하는가 하는 것이다. 이 책은 대부모를 위한 실제적 안내서가 되고자 한다. 대자녀와 대부모로 살면서 만나게 될 주제들을 다루고자 했고, 둘의 관계 안에서 하나님의 방식들이 드러나고 하나님의 뜻이 분명해질 거라는 믿음을 담고 있다. 대부모는 대자녀의 인생 여정을 죽 이끌어 준다거나 결정을 내려야 할 순간에 중요한 개입을 한다기보다는, 대자녀가 어떤 형편에 있든지 그에게 항상 충실하고 대자녀가 안 좋은 결정을 내렸을 경우에도 곁에 머문다. 이 책은 그런 충실함과 머묾을 다룬다.

대부모는 어떤 존재가 될 수 있을까

나에게는 아홉 명의 대자녀가 있다. 젊고 독신이고 다른 이들에 대해 책임질 일이 적었을 때는 지금보다 훨씬 더 성실하고 많은 관심을 기울이는 대부였다. 적극적으로 역할 모델이 되고 생일을 잊지 않고 챙기는 면에서 특히 그랬다. 한번은 대자녀의 세례식 때 설교를 해 달라는 요청을 받았는데, 그때 내가 전한 말은 나 스스로에게 이르는 말이기도 했다[『하나님과의 동행』(*God's Companions*), 5장].

우리는 귀중하고 거룩한 순간을 위해 여기 모였습니다. 이제 곧 예수님 사역의 첫 번째 공적 순간을 재연할 것입니다. 예수님이 제자들과 함께하신 최후의 만찬을 재연할 때 하나님이 특별히 임재하신다고 믿듯이, 우리는 예수님의 요단강 세례를 재연할 때도 하나님이 특별히 함께하신다고 믿습니다. 세례 때 하나님은 세례자의 마음에 노래를 하나 두십니다. 그런데 이 자리에 당사자 외의 사람들도 있다는 사실이 대단히 중요합니다. 세례자가 태어난 지 넉 달도 안 된 아이일 경우, 노래의 곡조를 잊기가 아주 쉽기 때문이지요. 그래서 대부모가 있는 것입니다. 이 노래를 잘 익혀 두었다가 아이가 곡조를 잊어버릴 때 다시 불러 주는 것이 대부모의 역할입니다. (Bausch, *Telling Stories, Compelling Stories*, 1991, 171-172를 보라.) 그러니 대부모 여러분, 잘 들으십시오. 여러분만 믿습니다.

그런데 이 노래는 무엇일까요? 예수님이 세례를 받으신 이야기는 이 노래가 무엇인지 알려 줍니다. 이 이야기에서 세 가지 일이 벌어집니다. 하늘이 열리고, 성령이 비둘기처럼 내려오고, "이는 내 사랑하는 자녀"라는 음성이 들려옵니다. 이 세 사건 모두 대단히 중요합니다.

노래는 이렇게 시작합니다. **하늘이 네게 열려 있다.** (Bruner, *The Christ-book*, 1987, 83-94를 보라.) 예수님 이야기에서 나타나는 일을 보십시오. 복음서는 하늘이 열리는 것으로 시작해서 성전 휘장이 찢어지는 것으로 끝납니다. 아이와 하나님 사이를 가로막았던 휘장이 찢어졌습니다. 아이에게 하늘이 열렸습니다. 아이의 삶을 향한 하나님의 목적에는 제한이 없습니다. 그것은 영원한 목적입니다.

아이가 자라 어떤 일을 할지 선택할 때 대부모는 슬그머니 다가가 이렇게 말할 수 있습니다. "숨으려고 하지 말아라. 부모님이 하신 일, 부모님이 원하시는 일에 매일 필요 없다. **하늘이** 네게 열려 있다. 하늘도 한계는 아니야. 한계는 없어." 아이가 심각한 질병에 걸리거나 죽음을 앞두게 될 때, 대부모는 아이의 마음속에 있는 노래를 알기에 이렇게 말할 수 있습니다. "천사들이 널 기다리고 있어. 천사들은 네 이름을 알지. 하늘이 네게 **열려 있다**. 죽음은 열린 하늘로 들어가는 문이야."

이 노래의 2행은 이렇습니다. **하나님의 성령이 네 안에 계신다**. 홍수 [이야기의] 마지막 부분을 기억하십니까? 비둘기가 새 생명을 상징하는 나뭇가지를 노아에게 가지고 돌아오지 않습니까? 그런데 이 노래에서는 비둘기가 예수님께 내려오면서 성령의 선물을 가져다줍니다. [이 선물이 암시하는 것은] 아이가 하나님의 성령의 전이라는 사실입니다. 아이는 다른 사람들이 하나님을 만날 수 있는 장소가 됩니다. 하나님의 성령이 아이 안에 계십니다.

아이가 외로움을 경험하고 사방으로 적의에 둘러싸일 때가 오면, 대부모는 아이의 귀에 대고 부드럽게 이런 곡조를 속삭여야 할 것입니다. "악이 널 완전히 에워싸는 듯해도 넌 여전히 예배할 수 있어. 하나님의 **성령**이 네 안에 계시거든." 대자녀가 대단한 성공을 거두게 되면 대부모는 엄한 노래를 들려주어야겠지요. "**하나님**의 성령이 네 안에 계신다. 모두가 너를 떠받들지 모르지만, 네가 누구를 섬기는지 잊지 말아라." 그 순간에 대자녀는 대부모에게 화를 낼지도 모르지요. 그러나 대부모는 아이의 마음에 이 노래를 불러 주고 그가 자신의 세례를 떠올리게 해야 합니다.

이와 같이 아이에게는 하늘이 열려 있고, 하나님의 성령이 아이 안에 계십니다. 세례의 노래 3행은 이렇습니다. **너는 하나님께 더없이 소중하다.** 하나님은 "이는 내 사랑하는 아들이요"라고 말씀하셨습니다. 이 말씀은 "하나님은 예수님을 더없이 소중히 여기시고, 하나님은 예수님에게 주시는 모든 것을 우리에게도 주신다"는 뜻입니다. 아이는 하나님께 참으로 소중합니다.

아이의 인생에서 자신의 죄[표적을 완전히 놓침]를 깊이 인식하는 때가 올 수 있습니다. 그때 대부모는 이렇게 말해 주어야 합니다. "너는 **하나님**께 더없이 소중한 사람이야. 네가 무슨 일을 했든, 얼마나 무가치하게 느껴지든 너는 여전히 하나님께 소중해." 아이는 교회를 떠나 방황할 수도 있습니다. 자라면서 친밀감과 열정을 갈구하는데 하나님이 한없이 멀고 막연하게만 느껴지기 때문이겠지요. 그때 대부모는 눈물을 쏟으며 이 노래를 불러 주어야 합니다. "너는 하나님께 **더없이 소중하다.** 너의 노래를 기억하거라."

정리하겠습니다. 세례는 하나님이 세례자의 마음에 노

래를 하나 두시는 일입니다. 대부모의 역할은 이 노래를 잘 익혀 두는 것입니다. 그래서 아이가 이 노래를 잊어버릴 때 다시 불러 줄 수 있어야 합니다. "하늘이 네게 열려 있다. 하나님의 성령이 네 안에 계신다. 너는 하나님께 더없이 소중하다." 이것은 아이의 마음이 하나님을 찬미하게 만드는 노래입니다. 그런데 이 노래의 의미는 무엇입니까? 하나님의 마음에 있는 노래가 바로 아이입니다. 하나님은 그 곡조와 가사를 결코 잊지 않으십니다.

대부모는 성장하는 아이, 그의 부모, 하나님과 함께 길을 가는 동반자다. 동반자(companion)는 문자적으로 '빵을 나눠 먹는 사람'을 뜻한다. 각 관계에는 고유의 온전함이 있다. 성장기의 아이 주변에 있는 어른들은 대부분 혈연이나 계약상의 기대로 이어져 있다. 혈연관계의 결점은 영구적이고 벗어날 수 없다는 점이다. 아무리 문제투성이여도, 때로는 아무리 괴로운 관계여도 벗어날 수 없다. 댄스 교사나 학교 보건 교사처럼 계약으로 맺어진 관계의 결점은 명확한 한계가 있고 어김없이 단기적이라는 점이다. 대부모는 이 둘 사이의 틈을 메워 준다. 대부모는 아이와 가족처럼 친밀해질 수도 있고, 활기가 오가는 관계가 어렵다면 접촉을 최소화하는 선택도 내릴 수 있다. 이상적인 상황은 대부모가 진정한 제사장의 역할을 감당하는 것이다. 자라나는 아이에게는 한결같은 모습과 귀 기울임, 이해와 사랑으로 하나님을 보여 준다. 그리고 하나님께는 중보와 감사와 때로는 탄식으로 아이의 사정을 아뢴다.

대부모와 부모는 비판적 친구가 되는 것이 가장 좋다. 대부모는 자라나는 대자녀와 그의 부모를 모두 사랑하고, 가끔 부모에게 아이의 입장을 대변해 준다. "아이의 문자 메시지를 읽는 걸 봤네. 아이와의 신뢰 관계에 어려움이 생기지 않을까." 이런 말은 상대를 배려하면서도 심판하지 않는 비판적 친구의 관찰 소견이다. "정말 중요한 문제들에 대해서는 부모님과 이야기하기가 쉽지 않지. 이해한다"도 그와 비슷한 관찰 소견이다. 부모나 자라는 아이는 닫힌 문을 넘어 이해, 연대, 생각할 공간, 부드러운 도전을 얻기를 바라는데, 이런 **갓십**이 그 문을 열어 준다. 대부모는 부모가 아이의 영적 발달에 대해 의논할 수 있는 이상적 상대다. 아이가 교회를 다니기 싫다고 할 수도 있고, 하루를 마치고 온 가족이 양초에 불을 붙이고 침묵의 시간을 몇 분 가지려 하는데 아이는 촛불을 불어서 끄겠다고 떼를 쓸 수도 있다. 이런 문제에 간단한 답은 없다. 대부모의 역할은 문제의 해결이 아니라 공감의 태도와 품위를 갖추고 분별의 자리에 머무는 것이다.

대부모는 두 번째 질문을 던지는 사람이다. (부모를 향한) 첫 번째 질문은 "내 소중한 대녀는 어떻게 지내나요?"이다. 이 질문에 대한 답으로 학교 성적이나 형제와 싸운 이야기, 할아버지 할머니가 너무 좋아하신다는 말, 방 정리를 못한다는 이야기 등이 나올 수 있다. 두 번째 질문은 간단하다. "아이가 정말 어떻게 지내요?" 정신없이 살다 보면 첫 번째 질문도 안 하고 넘어가기 쉽다. 그리고 대부모는 두 번째 질문을 던지는 유일한 사람일 수 있다. 마찬가지로, 성장기의 대자녀에게 어떻게 지내는지 물으면, 첫 번째 답변으로 댄스 수업, 학교 동아리, 다가오는 시험, 친구와의 싸움, 이런저런 운동부에 들어가려고 받는 테스트 등에 대한 이야기가 나올 수 있다. 성장기의 아이는 어른들이 이런 것들을 이정표 삼아 어린이의 '미래 모습'이라는 수수께끼를 풀어 나간다는 사실을 배운다. 아이는 정말 어떻게 지내느냐는 두 번째 질문을 받아 본 적이 없을지도 모른다. 두 번째 질문을 이상하게 여기며 처음에는 첫 번째 질문과 무엇이 다른지 파악하지 못할 수도 있다. 그러나 시간이 지나면 아이는 첫 번째 질문이 그들의 세상을 주무르고 있지만, 하나님은 두 번째 질문에 관심을 가지신다는 점을 깨달을 것이다.

마이클 램지(Michael Ramsey)는 제사장을 일컬어 "마음속에 하나님과 사람을 모두 품은" 자라고 말했다. 이 말은 대부모가 감당해야 하는 제사장 역할을 설명해 준다. 대자녀를 마음에 품고 하나님께 나아가고, 하나님을 마음에 품고 대자녀와 함께하는 것이다. 이 임무는 버겁지만 단순하다. 성령의 일하심에 관여함으로써 함께한 모든 사람이 변화할 가능성이 있음을 알면 버거울 수밖에 없다. 하지만 진짜 일은 성령이 다 하시고, 사람은 기꺼이 참여만 하면 된다는 점에서는 단순하다.

대부 스탠리

당연한 일이지만, 부모가 자녀의 대부모를 찾을 때는 먼저 친구 중에서 후보를 고려한다. 내 첫아이 로렌스가 2002년 6월에 태어났을 때, 스탠리 하우어워스는 나의 오랜 친구였다. 나는 1991년에 취득한 조직신학 학위를 포함한 공식 목회 훈련을 마친 후, 평신도에게 거룩한 삶이란 진정 어떤 의미인지 더 깊이 이해하기 위해 여러 방법을 모색했다. (도움이 되는 목사가 되기 위해 그런 이해가 필요한 때가 온 것이다.) 나는 진작부터 스탠리 하우어워스의 광범위한 저술을 읽고 있었고 그의 저작이 신학의 가장 심오한 문제들을 교회 생활 안에서 표현해 내는 데 특별히 도움이 된다는 사실을 발견했다. 그는 윤리학 저술로 유명했지만, 나는 그가 성경, 역사, 신학, 철학, 윤리학, 목회학 등의 전통적인 신학적 구획에 아무런 관심이 없음을 금세 알았다. 그가 느끼는 불안은 예수님이 위안을 주기 위해서가 아니라 뒤흔들어 놓으러 오신 것 같다는 내 생각과 비슷한 듯 느껴졌고, 오늘날의 문제와 영원한 문제를 다룬 그의 관점은 현대의 다른 어떤 저술에서도 볼 수 없었던 흥미진진함과 자극을 선사했다. 한마디로, 그는 나의 질문에 답하되 내가 동경했던 용기를 가지고 거침없이 답했다.

우리는 1991년 후반에 만났는데, 그때 일을 그는 전혀 기억하지 못한다. 당시 나는 그의 텍사스 억양을 거의 알아듣지 못했고 그의 느린 걸음에 보조를 맞추려고 춤추듯 걸어야 했다. 꿰뚫어 보는 시선은 그가 얼마나 진지한지 말해 주었고 반짝이는 눈빛은 그러면서도 그가 놀 줄 아는 사람임을 드러냈다. 영국에서 자랐기에 나에게는 억양이라고 할 만한 것이 없었지만, 진지하면서도 놀기를 좋아하는 쪽으로는 나도 뒤지지 않았다. 26년이 지난 지금 나는 쉼 없는 탐구자이면서도 유쾌한 놀이 상대라는 양면성이 우리가 공유한 모든 것의 특징이었음을 깨닫는다.

나는 스탠리에게 내가 작업한 결과물들을 보내기 시작

했고 그의 손 글씨를 읽는 (지금도 벅찬) 과제를 맡았다. 우리는 여러 컨퍼런스에서 만나 이야기를 나누었고 서로의 아내를 알게 되었다. 그러다 스탠리가 2001년에 세인트앤드루스 대학교에서 기포드 강연을 맡게 되었다. 나는 스코틀랜드로 가서 며칠 동안 그와 함께 시간을 보내며 그의 첫 번째 두 강연을 들었다. 우리는 함께 먼로산의 어느 봉우리―스코틀랜드에서 900미터가 넘는 282개의 산 중 하나―를 올랐고 산을 오르내리다 친구가 되었다. C. S. 루이스(Lewis)는 창유리에 떨어진 빗방울 두 개가 하나로 합쳐져서 더 빨리 흘러내리는 순간을 말하는데, 그날 이후 바로 그런 일이 벌어졌다. 얼마 후 우리는 같이 책을 쓰기 시작했고, 그 과정에서 나는 진지한 신학이 더 이상 내게 취미가 아님을 깨달았다. 나는 신학으로 빚어진 목사이자 교회에서 만들어진 저술가라는 이중의 소명을 받았음을 인식했다. 그것은 스탠리의 소명과 달랐지만, 스탠리는 나의 소명을 이해하고 누구보다 열렬히 격려해 주었다.

그래서 아내 조와 내가 첫아이를 가졌을 때, 스탠리에게 아이의 대부가 되어 달라고 부탁하는 일은 당연한 수순 같았다. 우리는 성탄 선물과 생일 선물 구입에 대해 어떤 환상도 없었다. 나는 그저 내 아들도 내가 경험했고 오래 이어질 것이라 믿었던(나의 믿음은 옳은 것으로 밝혀졌다) 교제와 중요한 우정으로 들어가기를 바랐을 뿐이다. 스탠리와 나는 6,400킬로미터나 떨어져 살았기에, 나는 대부분의 사람에게는 부담스럽고 어렵지만 스탠리에게는 자연스럽고 어울리는 방식으로 대부 노릇을 감당해 달라고 부탁했다. 로리의 세례를 기념하는 편지를 쓰고 이후에도 매년 세례 기념일마다 편지를 한 통씩 써 달라고 부탁했다. 나는 로리가 스탠리의 편지들을 직접 읽을 수 있을 때까지 매년 그 나이에 적합한 덕을 하나씩 다루면 좋겠다고 생각했다.

스탠리는 이후 3년 동안 정확한 날짜에 편지를 보냈고 그의 아내 폴라와 함께 매년 영국으로 올 기회를 마련하여 로리를 만나고 편지에 표현한 감정을 구체적으로 보여 주었다. 그런데 그다음에 뜻밖의 일이 일어났다. 미국 듀크 대학교에서 아내 조와 나에게 직책을 맡아 달라고 초청한 것이다. 그 사이에 생긴 로리의 여동생 스테파니를 포함하여 우리 가족은 노스캐롤라이나로 재빨리 이사했다. 우리는 더 이상 전화와 편지로 연락을 주고받고 가끔씩 방문하는 사이가 아니었다. 그때부터 우리는 거의 매일 함께 어울리며 학술적 협업을 진행하고, 진지하고 유쾌한 대화를 나누고, 함께 예배를 드리고, 아이들이 잠자기 전에 이야기를 들려주고, 야구와 농구를 같이 즐겼다. 스탠리의 생활 규칙은 성공회 공동기도서와 긴밀히 이어져 있었지만, 매운 멕시코 음식, 더럼불스(노스캐롤라이나주의 마이너리그 프로야구팀―옮긴이) 경기 관람, 카메론 실내 경기장에서 열리는 초보자를 위한 블루데블스 농구부(듀크대 운동부 이름―옮긴이)의 무료 경기도 빼놓을 수 없는 일상이었다. 로리가 스탠리의 대자가 되려면 이런 다양한 명예의 전당으로 들어가야 했다.

그래서 바다 건너 멀리서 쓴 사변적 상상의 산물이던 대부의 편지들은 아이를 잘 알고 항상 곁에 있는 대부의 조언으로 바뀌었다. 대부의 갓십은 부모와 함께 고민한 결과물인 분별력과 아이가 잠자기 전 동화를 한 편 더 들려줄 필요성을 헤아리지 못한 부모에게서 가끔씩 벗어날 수 있도록 피난처가 되어 준 경험에 근거하고 있었다. 매년 10월 27일마다 우리는 로리가 어떻게든 신학부를 방문할 일을 만들려고 노력했다. 그러면 아이는 스탠리의 연구실로 향하는 계단을 세 칸씩 뛰어 올라가서 직접 대부의 편지를 수령했다. 사실 아이에게 편지 자체는 그리 반가운 것이 아니었다. 굳이 반겼다고 한다면 『잭과 콩나무』에 나오는 잭의 어머니가 아들이 소 대신 받아 온 콩 다섯 알을 반가워한 정도일 것이다.

2012년에 이르러 더럼에서의 체류 기간이 끝났을 때는 너무나 슬펐다. 모든 것이 2005년 이전으로 돌아갔다. 그러나 결코 바뀌지 않는 것도 있다. 아리스토텔레스(Aristotle)는 "아이를 일곱 살이 될 때까지 내게 맡기라. 그 모습 그대로 어른이 될 것이다"라고 말했다. 대자와 가까운 곳에서 7년을 보낸 스탠리의 편지들은 아이에 대한 깊은 이해를 담고 있었고, 그런 이해는 접촉이 줄어들어도 흔들릴 수 없는 것이었다.

스탠리의 대부 노릇

이 편지들에는 어떤 내용이 담겼을까? 각 편지는 로리가 커 가면서 한 해 동안 깊이 생각하기에 적합한 덕을 하나씩 다룬다. 덕에는 지혜, 정의, 절제, 용기를 가리키는 사추덕(四樞德)과 세 가지 신학적 덕인 믿음, 소망, 사랑을 더한 모두 일곱 가지 덕이 있다.

덕이 중요한 이유는 우리의 잠재력을 실현하게 해 주기 때문이다. 덕은 과도함과 부족함 사이에서 균형을 잡아 우리의 인격에 좋은 습관이 새겨진 것을 말한다. 크리스토퍼 로빈은 "계단 중간까지 오르기"라는 노래로 이를 표현했다. 원작자 밀른(A. A. Milne)은 아리스토텔레스와 의견이 같다. 아리스토텔레스는 지나치게 많은 것은 부족한 것만큼이나 나쁘다고 보았다. 지나친 자신감은 경솔함을 낳고, 부족한 자신감은 두려움을 낳는다. 용기는 두려움과 경솔함 사이의 올바른 균형을 말한다. 아리스토텔레스는 이 균형을 '중용'이라 부른다. 쾌락이 한 가지 극단이고 고통이 또 다른 극단이라면, 쾌락과 고통 사이의 중용은 절제다. 아리스토텔레스는 골디락스처럼, 너무 뜨겁지도 너무 차갑지도 않은 적당한 온도의 죽을 찾고 있었다. 모든 덕은 계단 중간에 있다. "위도 아니고 아래도 아니"다. 유아방도 아니고 번화가도 아니다.

그래서 덕은 일곱 가지지만 악덕은 열네 가지이게 마련이다. 악덕은 덕의 양극단에 자리 잡은 것들을 가리키기 때문이다. 죄로 씨름하는 이들은 흔히 계단 발치에 있으나 계단 꼭대기도 위험하기는 마찬가지고, 그들이 찾는 것은 그 사이에 있다. 따라서 동네북처럼 짓밟히는 것 같을 때의 대안은 다른 사람들을 짓밟고 나서는 것이 아니라, 인간관계에서 모종의 힘의 균형을 되찾는 것이어야 한다. 오늘날에는 이것을 '자기주장'이라고 부른다. 음욕으로 괴로워하는 사람이 있다면 육체적·감각적 자극을 모두 틀어막을 것이 아니라 성적 형태가 아닌 접촉과, 접촉이 아닌 형태의 성이 있음을 배워야 한다. 의심으로 괴로워하는 사람을 위한 해결책은 광신으로의 도약이 아니라 그 중간에 위치한 믿음을 실천해 보는 것이다.

또 다른 예로, 과잉 활동과 나태라는 두 악을 생각해 보

자. 누가복음 12장에서 예수님은 말씀하신다. "참새 다섯 마리가 두 앗사리온에 팔리는 것이 아니냐? 그러나 하나님 앞에는 그 하나도 잊어버리시는 바 되지 아니하는도다. 너희에게는 심지어 머리털까지도 다 세신 바 되었나니 두려워하지 말라. 너희는 많은 참새보다 더 귀하니라." 마태복음 6장에서는 또 이렇게 말씀하신다. "공중의 새를 보라. 심지도 않고 거두지도 않고 창고에 모아들이지도 아니하되 너희 하늘 아버지께서 기르시나니 너희는 이것들보다 귀하지 아니하냐?"

예수님은 우리에게 대상을 그 자체로 귀하게 여기라고 이르신다. 나태한 사람은 눈앞의 대상이 목적을 위한 수단 혹은 삶의 권태나 하찮음에서 벗어날 수단이 될 때만 그 대상을 귀하게 여긴다. 최고가 아닌 것 혹은 탁월한 성과나 요란한 박수갈채를 안겨 주지 않는 것들은 그에게 인간의 시시함을 아프게 상기시킬 뿐이다. 그 반면, 과잉 활동의 사람은 아무것도 귀하게 여기지 않는다. 어떤 것을 즐기는 데 시간을 쓰면 그만큼 다른 활동을 못하거나 무언가 획득하지 못하게 될까 봐 두렵기 때문이다. 나태와 과잉 활동 사이의 중용은 평화다. 다른 사람들과의 평화가 아니라 자신과의 평화, 인간인 자신과의 평화다. 우리는 하나님이 아니다. 하나님이 영원한 삶으로 초대하시지 않는 한, 누구도 영원히 살지 못한다. 우리는 완전하지 않다. 초인이 아니다. 하지만 하나님은 우리를 있는 그대로 사랑하시고, 있는 그대로 받아 주시고, 자신의 온 생명을 바쳐 예수님 안에서 우리와 관계를 맺으시고, 목적을 위한 수단으로서가 아니라 바로 우리 자신 때문에 우리에게 관심을 기울이신다. 사람을 대할 때 고유한 인간으로서의 가치를 인정하고, 오롯이 집중해야 하는 활동을 하거나 자연물 또는 인공물의 한 가지 측면을 곱씹을 때, 우리는 과잉 활동과 나태의 계단 중간에서 살아간다고 할 수 있다. 과잉 활동과 나태 모두, 뿌리에는 두려움이 있다. 그리고 그에 따르는 충동은 아예 개의치 않거나 미친 듯이 하는 경쟁, 즉 투쟁과 도피 중 하나를 선택하게 만든다. 때로는 가만히 있으면서 주목하는 것, 한 가지를 하되 잘하는 것이 답이다.

이것이 스탠리가 성장기의 로리에게 전하는 메시지의 논리다. 덕은 두 악덕 사이의 중용이다. 편지 하나하나에서 스탠리는 한 가지 덕을 제시한 다음, 그것을 이루기 위해 어떤 개인적·사회적 악덕과 유혹 사이를 헤쳐 가야 하는지 살핌으로써 그 덕을 제대로 된 맥락에서 보게 해 준다. 그는 세례를 다룬 편지에서 이렇게 말한다. "너에게 절대 거짓말하지 않으려고 최선을 다하마." 이것은 그리스도인의 삶을 장밋빛으로 묘사하지 않겠다는 다짐이다. 그리고 그는 20세기에 많은 그리스도인이 어떤 잘못을 저질렀는지 지적한다. "그리스도인들은 어떻게든 고통 없이 살려고 무의식적으로 노력했고, 그 결과 그리스도인으로 살 수 있는 힘을 잃어버렸단다." 또한 그는 자신의 역할을 이렇게 규정한다. "대부모의 전통적 역할은 너에게 신앙의 이야기와 특별히 네가 세례를 받아 그 일원이 되는 교회의 이야기를 들려주고, 그다음 그 교회에 네 삶의 이야기를 다시 들려주는 거야. 그렇게 해서 교회는 거룩하게 세워진단다." 이어서 스탠리는 덕의 목적을 이렇게 설명한다. "그리스도인들은 하나님이 예수 그리스도의 생애와 죽음과 부활을 통해 우리와 함께하시지 않는다면 이해할 수 없는 삶을 살아간단다." 끝으로, 그는 첫 번째 편지를 요약하며 이렇게 말한다. "시간이 부족하다고 믿는 세상에서, 하나님은 우리에게 서로 친구가 되는 데 필요한 모든 시간을 주셨단다. 서로 친구가 될 때, 우리는 하나님과 친구가 되는 법을 배우게 돼. 네가 나를 친구로 여기게 되면 좋겠구나."

세례 1주년을 기념하는 편지에서 스탠리는 이후에 쓸 모든 편지의 분위기를 정한다. 그는 자비가 "하나님의 성품"이라고 믿는다. 그러나 아이에게는 자비가 문제가 된다는 점을 잘 안다. "어린이들은 자기에게 욕구가 있음을 알고, 그 욕구를 당장 채우고 싶어 하기" 때문이다. "그런 이유로 때로 아이들은 다른 사람들에게도 채워야 할 욕구가 있음을 알아차리지 못한다." 이 편지들에 응축된 수 세기에 걸친 신학과 수십 년에 걸친 개인적 숙고를 요약해 주는 대목에서 그는 이렇게 적었다. "덕스럽게 사는 데 가장 큰 위협은 악덕이 아니라 덕과 유사한 성질이야. 예를 들어, 자비의 가장 큰 적은 감상주의란다." 그는 아이인 대자의 생활을 고려하여, 골든리트리버를 애완동물로 기르는 집에서 자비가 어떤 의미인지 설명한다.

진실함을 다룬 두 번째 편지에서 스탠리는 자신의 기독교 윤리가 어느 정도는 텍사스 사람들의 윤리와 겹친다는 사실을 인정한다. 텍사스 사람들은 "종종 솔직함과 진실함을 혼동한다"는 점도 인정한다. 그러나 진실함에 대한 그의 조언이 자기 지식에 근거한 것이듯, 그의 편지도 대자를 가끔 방문하면서 세밀히 관찰하여 나온 것임을 알 수 있다. "예를 들어, 네가 말을 배우면서 힘을 잃게 된 과정을 한번 볼까? 네가 그저 손으로 가리키기만 하면 원하는 것을 얻던 시절, 너는 어머니 아버지를 마음대로 움직이게 할 수 있었지. 그분들은 네가 원하는 것이 무엇인지, 무엇이 너를 만족시켜 줄지 알아맞혀야 했어. 하지만 말을 할 수 있게 되면서 너는 그런 힘을 잃어버렸어. 이제는 부모님이 널 설득할 수 있게 되었거든."

그다음 편지에서는 분위기가 달라진다. 로리가 노스캐롤

라이나 더럼으로 이사를 오면 둘의 관계가 크게 달라질 거라고 생각한 까닭이다. 스탠리는 로리가 두고 떠나오는 것에 대해 어떤 감상도 보여 주지 않는다. "항상 착하게 굴라고 요구하는 미국인들에 비하면 영국인들의 심술은 상당히 매력적이라고 할 수 있지." 그는 로리에게 현실을 있는 그대로 알려 줄 때가 되었다고 생각한다. "과거에 미국인들은 아메리카 원주민들을 학살했고 미국은 노예 소유를 허용했다는 사실이지." 그리고 책 전체의 요약문이 될 만한 대목에서 그는 선언한다. "아리스토텔레스는 나이 든 사람(나는 나이 든 사람이지)과 어린 사람의 우정이 불가능하다고 생각했어. 나이의 차이는 두 사람을 너무나 다른 존재로 만든다는 거야. 그는 너와 내가 친구가 되기에는 공통점이 너무 없다고 생각했을 거야. 이런 생각이 지나치다고 느껴질 수도 있지만, 그가 진정한 우정의 어려움에 대해 말한 내용은 불행히도 많은 경우 사실이야. 하지만 우리가 그리스도인이라면 이야기가 달라지지."

이제 편지들은 좀더 개인적이고 직접적인 상호 작용을 바탕으로 전개된다. 그러나 신학적이고 자기성찰적인 지혜는 여전하다. "많은 사람이 나와 함께 있는 자리를 피곤해한다는 점도 충분히 이해할 만해." 스탠리는 인내와 분노를 대비시키며 그렇게 흔쾌히 인정한다. 그는 덕을 익히는 견습생이 되는 것이 무엇인지 자신의 유년기를 바탕으로 로리에게 소개한다. 그 탐색의 핵심은 그리스도 안에서 장성하는 일이 단체전이라는 사실을 깨닫는 것이다. "덕은 개인적 성취를 위한 권고 사항이 아니야. 사실, 우리가 인내할 수 있게 되는 통로는 다른 이들의 인내하는 사랑뿐이야."

로리가 겨우 다섯 살일 때, 스탠리는 벌써 죽음에 대해 말하기 시작한다. (이 편지들은 대자에게 진실을 감추지 않는다.) 그와 더불어 스탠리는 이런 말도 할 수 있다. "소망의 덕을 지닌 이들은 자신이 다른 사람들을 필요로 하는 상황을 기쁘게 여긴단다." 여기서 그는 로리를 신앙 공동체로 인도하고 있다. 로리는 여섯 살이 되면서 정의에 대해 배운다. "미국 사회 질서의 토대가 되는 생각에 따르면, 정치 제도의 과제는 죽음에 대한 두려움 외에는 공통점이 별로 없는 사람들 사이에서 합의를 이끌어 내는 거야. 그렇기 때문에 사회를 정의롭게 만드는 국민이 없어도 정의로운 사회가 가능하다고 생각하는 미국인이 많아." 로리도 대부가 진지한 시선과 반짝이는 눈빛을 가졌음을 이미 알고 있었다. 하지만 그런 그가 반드시 말해야 하는, 타협할 수 없는 것들도 있다. "사랑에서 태어난 정의는 불의한 자들을 정의롭게 대할 것을 요구한단다.…정의의 이름으로 살인을 저지르는 정의라면 그것은 하나님의 정의일 수 없단다." 그의 편지들은 성장하는 로리를 둘러싼 국가적·지역적 상황에도 주목한다. 스탠리는 버락 오바마의 대통령 당선을 언급하고, "일상적 상호 작용에서 용기가 필요하다"는 말의 의미를 강조하기 위해 로리 아버지의 신학 저술에서도 인용문을 가져온다.

농구와 야구는 덕을 구현하는 실제적 사례로 필연적으로 등장한다. 스탠리는 이렇게 지적한다. "너는 특권을 누리는 세계에서 자라고 있단다. 일상에서 힘 있고 지적이고 부유하고 고상한 사람들을 만나지." 이어서 그는 조적공의 삶과 발달 장애인의 현실에 대한 깊은 지식으로 적절한 가르침을 준다.

로리가 런던으로 되돌아가면서 편지의 분위기는 다시 한번 달라진다. "슬픈 이별이었어. 너와 네 가족이 영국으로 돌아갔구나.…너를 듀크대 야구 경기에 데려가던 날들이 그리워질 듯하구나." 침울한 분위기에서, 그는 대부분의 사람들이 거론하지 못할 진실을 감지해 낸다. "한결같음은 시기나 적개심에 휘둘리는 삶을 허용하지 않아. 시기와 적개심이 네 삶을 쥐고 흔들면 한결같음은 밀려나고 '알려지고' 싶은 욕망이 그 자리를 차지하게 돼. 물론, 다른 사람들에게 알려지고 사랑받는 것은 좋은 일이야. 그러나 알려지고 싶은 욕망이 외로움을 피하기 위한 수단이 되면 절박함으로 이어지기 십상이고 그만큼 한결같음이 훼손될 수 있어. 절박해질 때, 우리는 자신이 누구인지 (그리고 누구의 소유인지) 잊게 된단다."

스탠리와 로리의 만남이 전보다 뜸해지면서 로리에 대한 스탠리의 인식도 좀더 일반적인 것에 머문다. "…젊은 사람들이 욕망의 바다에 떠 있다고 생각해서야." 이때는 스탠리도 전환기에 있다. "은퇴한 지 2년이 지났지만 나는 아직도 상황 파악이 안 된다." 그리고 상실은 전보다 더 무겁게 다가온다. "좋은 한 해였지만, 열여덟 살 된 고양이 이든이 죽어서 폴라와 나는 아주 슬펐단다." 그의 모든 사색은 주어진 상황에서 나온다. 이 책을 요약할 수 있는 또 다른 문장에서 스탠리는 이렇게 말한다. "너그러움은 상상력을 발휘하여 다른 사람들의 경험과 삶에 참여할 수 있는 능력이라고 생각해 보라고 말하고 싶구나." 마지막 편지에서 그는 성품에 대해 설명한다. 그는 "우리가 누군가에게 훌륭한 성품을 가졌다고 칭찬할 때 그 의미가 무엇인지 결코 명확하지 않다는 민망한 사실"을 인정하지만, 이 책을 읽는 독자들이 이 마지막 편지를 읽을 무렵이면 앞선 본문에 담긴 내용 전부가 성품에 대한 내용이었음을 깨닫게 될 것이다.

덕의 성품

이 글 마지막 부분에서는 스탠리가 이 편지들을 쓰게 된 계기와 이 편지들이 그의 더 큰 내러티브를 어떻게 반영하는지 간단히 설명하고자 한다.

스탠리는 성나고 행복한 사람, 행복하고 성난 사람이다. 미국에서 기독교가 유순한 형태의 심리 치료 또는 국가주의 이데올로기의 배경 음악으로 전락한 모습을 보거나, 그런 작업이 미국의 가장 유명하고 뛰어난 신학자들의 승인을 받는 것을 볼 때 스탠리는 특히 분노한다. 20세기의 스위스 신학자 칼 바르트(Karl Barth)가 그의 독일 스승들이 제1차 세계대전에서 카이저를 지지함으로써 신뢰성을 저버렸다고 탄식했던 것처럼, 스탠리는 동시대인들과 조상들(진보와 보수를 가리지 않고)이 교회와 미국을 동일시하거나 신앙을 자조(自助)의 한 형태로 몰락시켜 사람들이 교회를 보지 못하게 만들었다고 거듭해서 비판했다.

그러나 스탠리가 두 가지를 찾아 나섬으로써 그의 분노는 건설적으로 변했다. 첫째, 그렇다면 교회의 믿음은 무엇에 근거해야 하는가. 둘째, 교회는 어떤 식으로 구성원들의 성품을 빚어내는가. 스탠리는 학자 경력 초기에는 교회의 믿음에 대해 말하면서 비전을 말하고 기독교가 어떻게 그리스도인들이 세상을 진실하게 보도록 가르치는지 설명한다. 그리고 이후 내러티브에 대해—그리스도인들이 세례를 통해 자신이 선택하는 이야기에서 벗어나 자신이 물려받는 이야기로 들어서는 것에 대해—더욱 폭넓게 말한다. 즉, 그리스도인이 된다는 것은 자신이 온전한 이야기 일체의 일부임을 발견하는 것이고, 성경은 이 이야기들의 분명한 개요를 제시한다. 그리스도인들은 이 이야기들을 무엇보다 예배라는 시간과 장소에서 배운다. 이 이야기들은 예배 안에서 화해와 음식 나눔 같은 실천으로 바뀌고, 이런 실천들을 거치며 상상력이 형성된다. 교회는 무엇보다도 예배를 통해 구성원의 성품 형성을 이루고, 이 과정을 거치며 상상력이 형성된 회중은 하나님이 일하시는 방식을 인식할 수 있게 된다.

이 두 가지 폭넓은 주제—기독교적 확신의 독특성과 내러티브적 형태 그리고 성품 형성이 이루어지는 과정—는 스탠리 신학의 테마 음악이다. 그는 엄청난 스펙트럼의 주제를 읽고 그에 대한 대화를 나눈다. 발달 장애에 세심한 관심을 기울이고 죽어 가는 아이들을 세밀하게 관찰한다. 현대 정치에 대해 정교한 분석을 제시하고 전통적인 윤리적 주제들을 흥미진진하게 다룬다. 그의 저작은 방대한 분량의 논증, 반박, 제안, 대화로 이루어진다. 그러나 그는 1980년대 초에 결정적 조치를 취한다. 비폭력이 예수 내러티브에 대한 충실한 해석이라고 받아들인 것이다. 그에게 신학은 더 이상 신앙의 주장과 과학의 사실을 조화시키려는 시도가 아니었다. 그는 예수의 죽음과 부활이 그에 상응하는 용서 및 영생과 함께 참으로 '우주의 결'이 된다는 것과 믿음이 그 결에 따라 행동하는 것임을 보여 준다. 사람들이 그에게 자주 묻는 한 가지 질문이 있다. 하나님의 평화의 나라를 담대하게 옹호하는 그의 신학과 때로는 까칠하고 직설을 날리는 그의 공적 이미지가 어떻게 조화를 이루는가 하는 것이다.

이제는 이 책의 주제들과 스탠리가 신학자로서 연구하고 힘을 쏟은 내용들이 어떻게 이어지는지 분명해졌을 것이다. 스탠리는 성장기의 한 아이에게 덕을 가르침으로써 아이의 성품 형성에 세밀하게 관심을 기울였다. 조적공이었던 그의 아버지가 젊은 견습생이던 그에게 벽돌 쌓는 법을 꼼꼼하게 가르쳤듯이 말이다. 그는 성장기의 한 아이를 교회의 내러티브(그는 이 내러티브를 경쟁 관계이자 겹치는 부분도 있는 텍사스, 야구, 미국 남부, 국가주의, 현대의 사춘기의 내러티브와 나란히 제시한다)로 안내함으로써, 믿음이 근본적으로 선택이 아니라 자아가 구원과 성도들의 이야기로 옷 입도록 허용하는 일임을 보여 주고자 한다. 한마디로, 그는 신학자로 가르쳤던 내용을 대부로서 실천하고 있다.

　　스탠리와 내가 함께 쓴 책은 어떤 면에서 그의 경력의 절정이었고 다른 면에서는 내 경력의 시작이었다. [필진이자 편집인으로서] 우리는 동료들을 한데 모아 그리스도인의 삶의 본질을 설명하고 그 삶의 특징이 성찬식 참여이며 그에 따라 삶이 빚어진다는 점을 분명히 밝혔다. 예수님은 돌아가시기 전날 밤에 어떻게 하면 제자들이 그분의 길을 본받으면서도 한데 모일 수 있을까 하는 질문과 마주하셨다. 예수님은 "함께 먹으라"고 명령하셨다. 함께 먹으면서 그들은 발견하게 될 터였다. 무엇이 있어야 한데 모이고, 하나가 되고, 자신의 결점을 고백하고, 용서받고, 찬양하고, 자신들의 이야기를 기억하고, 하나님이 그들 가운데서 어떻게 일하시는지 깨닫고, 그들의 믿음을 선포하고, 중보 기도하고, 평화를 공유하고, 화해하고, 감사하고, 나누고, 그 어떤 것도 허비되지 않게 하고, 복을 받아 선교 사명을 받고 보냄을 받을 수 있는지를 말이다. 한마디로, 무엇이 그들을 교회되게 하는지 알게 될 것이었다. 다시 말해 예배는 머리, 손, 가슴, 영혼을 위한 덕의 훈련장이다. 대부모가 되는 법을 알고 싶다면, 예배를 통해 상상력이 덕스럽게 형성되어야 한다.

나는 스탠리와는 다른 개인적·목회적·선교적 도전을 받았지만, 스탠리처럼 그 모든 도전에 맞서도록 성령이 교회에 주시는 은혜와, 교회를 새롭게 하시겠다는 약속의 충족성을 믿고 그 믿음 위에서 논증을 펼치려 했다. 같이 책을 쓴 후에 나는 다른 책들에서 그리스도인의 삶을 탐구했다. 스탠리의 경우와 다른 여러 삶의 정황에 대응하여 탐구를 시작했지만 그 탐구는 그에게 배운 지혜 및 그와 나눈 대화를 통해 이루어졌고, 탐구의 방향은 스탠리가 진행한 연구의 궤적과 전혀 다르면서도 양립할 수 있었다. 복음 안에서의 우정이 바로 이런 것이다.

나는 스탠리의 학생이 되어 배운 적은 없다. 하지만 그의 친구, 공동 저자, 동료, 고마움을 아는 비판자가 되는 특권을 누렸다. 나는 그에게 이렇게 말하고 싶었다. "스탠리, 당신은 내게 대부와 같았고 나를 한 형제처럼 대해 주었어요. 이제는 내가 할 수 없는 일을 해 주면 좋겠습니다. 내 아들의 대부가 되어 주시겠어요?" 이것이 이 책의 출발점이다. 그 결과로 성장과 믿음을 나누는 일과 스탠리의 마음과 하나님의 마음에 대한 통찰력 있는 책이 나왔다.

새뮤얼 웰스

세례를 받는
로렌스 베일리 웰스에게

∽ 2002년 10월 27일 ∽

로리에게

너의 대부가 되어 달라는 요청을 받아 영광이구나. 네가 세례를 받는 모습을 지켜보지 못해 미안하다만, 미국 노스캐롤라이나에서 거기까지 갈 수가 없었단다. 너와 멀리 떨어져 사는 내가 너의 대부가 될 수 있다는 사실은 하나의 교회인 우리가 너의 세례식에서 하는 일을 이해하는 데 도움이 된단다. 마치 표지판처럼 말이지. 하나님은 세례를 통해 우리를 그리스도의 지체들로 만드시는데, 그렇다면 국경이 우리의 관계를 규정할 수 없다는 말이 되거든. 나는 네가 세례를 받은 장소에서 아주 멀리 떨어져 있지만, 하나님은 기도를 통해 우리가 함께할 수 있게 만드신단다. 네가 세례를 받는 아름다운 날에 내가 널 위해 기도한다는 사실을 알아주렴.

너의 대부가 되어 달라는 부탁에 솔직히 겁이 난단다. 그래서 내 본모습보다 더 괜찮아 보이고 싶은 마음이 들어. 우리는 어려운 시절을 살고 있는데, 그리스도인들에게는 지금이 특히 어려운 시절이지. 교회는 정치적·사회적 영향력을 잃어버렸고 그리스도인으로 살고 싶어 하는 이들의 삶을 빚어내는 힘마저 점점 잃어 가고 있단다. 나는 그리스도인으로 살고 싶은 마음이 간절하지만, 그리스도인으로 산다는 것은 내가 절대 제대로 완성하지 못할 지속적인 과정이야. 그래서 나는 실제보다 더 지혜로운 모습으로 꾸미고 싶은 유혹을 받는단다. 그리스도인으로 사는 것이 네 눈에 멋지고 생기를 주는 삶의 방식으로 보였으면 하거든.

그러나 내가 지혜로운 체하는 건 허세를 부리는 일이겠지. 그리고 내가 허세보다 싫어하는 것은 없어. 나는 텍사스 출신인데, 텍사스 사람들은 뜻대로 되지 않는 척박한 땅에서 지내느라 허세가 죄다 갈려 없어진 사람들이란다. 한마디로, 텍사스 사람들은 바람직한 모습을 보여야겠다는 의식 자체가 없어. 보이는 그대로야.

그래서 너의 대부로서 내가 약속할 수 있는 건 하나야. 너에게 절대 거짓말하지 않으려고 최선을 다하마. 거짓말하지 않기란 참 어려워. 거짓말을 하고 싶어서가 아니라, 너무나 많은 경우 우리 삶은 알아보기 어려운 거짓말들로 이루어져 있기 때문이지. 너의 세례를 통해, 하나님은 너를 진리에 민감한 백성의 일원으로 만드신단다. 대부모의 전통적 역할은 너에게 신앙의 이야기와 특별히 네가 세례를 받아 그 일원이 되는 교회의 이야기를 들려주고, 그다음 그 교회에 네 삶의 이야기를 다시 들려주는 거야. 그렇게 해서 교회는 거룩하게 세워진단다. 우리의 이야기를 서로 들려주어 서로 삶의 한계를 노출시킴으로써, 우리는 혼자일 때보다 함께할 때 더 큰 존재가 됨을 발견해. 그래서 비록 너와 멀리 떨어져 있지만, 나는 내 삶을 가능하게 만들고 바라건대 네 삶에도 기여했으면 하는 믿음의 사람들에 대한 이야기를 들려줄 시간을 어떻게든 마련할 생각이다. 그런 삶만이 우리를 거짓에서 자유롭게 해 줄 수 있단다.

네 어머니와 아버지가 내게 그리스도인으로 사는 데 중요한 한 가지 덕을 매년 편지로 너에게 소개해 달라고 요청했어. 반가운 숙제지. 그 숙제가 아니었다면 검토하지 않고 넘어갔을 문제들을 분명하게 설명해야 할 기회가 생겼으니까. 그러나 너무 분명하게 말하려다 보면 자칫 생각과 사색이 좋은 삶을 대신할 수 있다고 혼동할 위험이 있단다. 나나 네 부모님은 교회에서 '신학자'라고 부르는 사람들이야. 교회가 기독교 신앙에 대해 골똘히 생각하는 일을 일부 사람들에게 맡긴 거지. 하지만 기독교 신앙을 지탱해 주는 덕목을 갖춘 사람들이 꼭 신학자는 아님을 너도 알게 될 거야. 오히려 밤낮으로 친절하고 아름다운 작은 일들을 실천하는 사람들이 바로 우리가 기독교적이라고 말하는 삶을 가능하게 하거든. 한마디로, 그리스도인들은 하나님이 예수 그리스도의 생애와 죽음과 부활을 통해 우리와 함께하시지 않는다면 이해할 수 없는 삶을 살아간단다.

오늘 너는 세례를 받고 그리스도인이 되었지만 그리스도인답게 사는 데는 평생이 걸릴 거야. 지금 생겨나고 있는 세상은 그런 삶에 종종 의문을 제기할 테지. 이런 세상에서 그리스도인으로 살다 보면 네가 속한 더 넓은 사회에서 찬사를 받지 못할 수도 있어. 우리는 점점 세속화되는 사회에서 살고 있단다. 세속적이라는 말이 무슨 뜻인지도 모르는 채 말이야. 하지만 '세속적'인 사회의 관행이 우리가 계속 그리스도인으로 살게끔 붙들어 줄 거라고 믿을 수 없다는 건 분명해. 이런 상황을 좋은 것으로 여기게 되면 좋겠구나. 네가 어떤 사람이 될지 네가 선택할 수 있는 문제가 아니라 세례를 받을 때 성령을 통해 네게 주어졌다는 사실을 더 기쁘게 여길 수 있을 테니 말이다.

그리 멀지 않은 옛날, 디트리히 본회퍼(Dietrich Bonhoeffer)라는 사람이 막 세례를 받은 한 아이에게 편지를 썼어. 편지를 쓴 이유는 사는 곳이 멀어서가 아니라 그가 감옥에 있었기 때문이야. 그가 나치 독일의 지독한 악에 용감하게 반대했거든. 본회퍼가 살던 시대는 대단히 무시무시했지만, 그는 자기 인생의 무대가 된 그 시대 말고 다른 시대를 선택하고 싶은 마음은 없다고 대자에게 보낸 편지에 썼단다. 그의 시대는 그의 존재 자체를 위협했어. 그는 그 시대가 하나님의 진노 아래 있는 동시에 하나님의 은혜 아래 있다고 보았지. 그는 편지에서 예레미야 45장을 인용하는데, 그 대목에서 하나님은 그분이 세우신 것을 헐어 버릴 거라고 말씀하신단다. 본회퍼는 이런 말로 편지를 끝맺고 있어. "우리가 물질적 부의 폐허를 딛고 탈 없이 영혼을 구원할 수 있다면, 그것으로 만족하기로 하자꾸나."

본회퍼는 그리스도인들이 나치가 저지른 악의 실체를 알아보지 못한 한 가지 이유가 그들에게 고통이 낯선 것이 되었기 때문이라고 말했어. 그리스도인들은 어떻게든 고통 없이 살려고 무의식적으로 노력했고, 그 결과 그리스도인으로 살 수 있는 힘을 잃어버렸단다. 그뿐 아니라 그리스도인들이 고통을 피하는 데 연연하는 바람에 유대인 같은 무고한 사람들이 고통을 당하게 되었으니 더욱 끔찍한 일이 아닐 수 없지. 사실 본회퍼는 이성과 정의의 인도만 받고도 삶을 헤쳐 나갈 수 있다는 그리스도인들의 생각을 지적했어. 하지만 그런 이상들이 그리스도인들을 저버렸을 때, 그들은 능력의 한계를 절감했단다.

네가 세례받는 날에 본회퍼의 사색을 이야기하는 게 이상해 보일지 모르겠다. 흔히들 우리는 그때와 전혀 다른 세상에서 산다고 생각하니까. 우리는 하고 싶은 것을 할 수 있고 원하는 대로 될 수 있는 자유로운 사회에 산다고 여기지. 그래서 본회퍼가 너무나 용감하게 맞서 싸웠던 전체주의의 위협은 다 옛날 일이라고 생각해. 그렇기 때문에 너의 세례는 너의 생존을 위협하는 일로 보이지 않아.

하지만 조심하라고 말하고 싶구나. 네 부모님과 내가 사는 부드러운 세상은 본회퍼가 살았던 세상보다 여러 면에서 더 위협적이거든. 우리 세상에서는 원수를 알아보기가 매우 힘들단다. 원수는 상상도 못할 만큼 부유해서 될 수 있는 한 감상적인 생각으로 위장하고 있으니 말이다. 너는 엄청나게 부유한 사회에 태어났고, 그 부의 일부는 다른 이들의 희생을 대가로 얻어진 것들이지. 미국과 영국 같은 사회의 부는 네가 세례를 통해 받은 삶을 크게 위협할 수 있어. 너와 네 주위 사람들이 고통 없이도 살 수 있다고 믿도록 유혹하거든. 그러나 네가 세례를 받았다는 것은 하나님이 벌이시는 전쟁에 참여하게 되었다는 뜻이란다. 그것은 그리스도인인 우리가 전쟁에 반대해서 싸우는 이들이 아니라고 믿게 함으로써 우리 삶을 지배하려는 세력에 맞서 하나님이 선포하신 전쟁이야.

그래서 나는 네가 어려움 없는 삶을 살기를 바라지 않는다. 다만 네가 직면하는 어려움이 그리스도의 몸의 한 지체가 된 일에 반드시 따르는 어려움이기를 바란다. 그런 어려움을 감당하려면 많은 친구가 필요할 거야. 이 세상에서 친구보다 더 귀중한 선물은 없음을 네가 발견하면 좋겠구나. 우정에는 시간이 들지. 서로를 알게 되는 것이 쉬운 일이 아니거든. 하지만 시간이 부족하다고 믿는 세상에서, 하나님은 우리에게 서로 친구가 되는 데 필요한 모든 시간을 주셨단다. 서로 친구가 될 때, 우리는 하나님과 친구가 되는 법을 배우게 돼. 네가 나를 친구로 여기게 되면 좋겠구나.

네가 자랄수록 믿음의 확신이 강해지기를 간절히 바란다. 확신을 갖는다는 것은 하나님을 보호할 필요를 느끼지 않는다는 뜻이다. 하나님은 우리의 보호가 필요한 분이 아니기 때문이야. 시편 기자처럼 너는 네 삶이 의도한 대로 풀리지 않음에 절망하면서도, 절망할 수 있는 힘을 주시는 하나님을 확고히 믿고 기도하는 법을 배우게 될 거다. 그런 확신을 갖고 기도할 수 있는 것은 큰 선물이니, 무엇보다 네가 그것을 받기를 바란다.

끝으로, 네가 행복하게 살기를 기도하마. 그리스도인이 된다는 것은 하나님이 창조하신 세계의 일원으로 초청받는 일이기에, 텍사스 앵무새를 기르거나 개(와 고양이)를 사랑하는 일에서도 큰 기쁨을 누릴 수 있단다. 그런 기쁨에서 솟아나는 유머 감각을 네가 지니게 되기를 바란다.

우리가 함께할 수 있는 시간이 빨리 오기를 고대한다. 그래서 서로를 보고 웃고, 함께 웃으면 좋겠다.

평화와 사랑을 전하며
스탠리 하우어워스

자비

∼ 세례 1주년 기념일 ○ 2003년 10월 27일 ∼

로리에게

매년 너의 세례 기념일에 편지를 써서 한 가지 덕을 숙고해 보라는 행복한 숙제를 받았단다. 그런데 '한 가지 덕을 숙고한다'는 말은 내가 맡은 숙제를 표현하기엔 너무 약하다 싶어. 나는 한 가지 덕을 숙고할 뿐 아니라 권하기도 할 생각인데, 그 덕이 없으면 살 수 없음을 네가 발견하게 되면 좋겠다. 내가 '발견'이라는 표현을 쓴 이유는, 지금은 네 삶에 없는 덕을 '개발하라고 촉구'하는 것은 잘못이기 때문이야. 앞으로 차차 밝히겠지만, 나의 임무는 덕을 권한다기보다는 이미 네 삶을 사로잡고 있는 여러 덕에 이름을 붙일 수 있게 돕는 것이라서 그렇단다.

　우리는 이제 구면이구나. 아내 폴라와 나는 올해 케임브

리지로 가서 너와 네 어머니 아버지, 여동생 제나 그리고 코니를 만났어. 너를 알게 되어 정말 좋았단다. 너는 세상을 보이는 그대로 받아들이고 최고로 만족해하는 사내아이였어. 네가 세상을 그렇게 받아들이는 건 당연해. 서로 사랑하고 너를 사랑하는 사람들과 개에게 둘러싸여 있으니 말이야. 네가 그런 사랑을 당연하게 여기지 않기를 바란다.

불행히도, 사랑 말고도 우리를 둘러싼 것이 또 있구나. 올해는 전쟁으로 가득 찬 또 다른 해였어. 폴라와 나는 미합중국에 산단다. 미국은 로마야. 너무나 힘이 강해서 다른 나라 사람들에게 하고 싶은 대로 하면서도 결과를 우려하지 않는 나라지. 그런데 미국인들은 자신들이 최강인 세상에서 극도로 겁에 질려 살아가. 그래서 안전하다는 느낌을 얻으려고 수단과 방법을 가리지 않지. 미국이 아프가니스탄과 이라크에서 전쟁을 벌인 이유도 그 때문이야. 너의 세대가 그에 따른 대가를 치르게 될까 봐 염려된다.

이런 상황이다 보니 너의 세례 1주년을 기념하여 자비의 덕을 논하는 편지를 쓰는 일이 더 이상하게 느껴지는구나. 폭력적인 세상에서 자비롭게 사는 건 아주 위험하지만, 다행히도 너는 네가 자비로운 사람으로 살 운명을 타고났음을 깨닫게 될 거야. 자비하신 성령은 세례 때 너를 적신 물을 통해 역사하셔서 네가 어렵지만 보람찬 여행에 나서게 하셨단다. 네 주위에는 네 어머니 아버지, 여동생이자 친구인 제나 그리고 무엇보다 너의 개 코니가 있지. 온유하신 하나님은 우리가 자신과 비슷한 이들과 다른 이들 모두를 돌보지 않고는 존재할 수 없도록 만드셔서 그 관계를 통해 자비를 배우게 하셨단다.

난 지금 자비를 베풀도록 노력하라는 이야기를 하는 게 아니야. 시간이 흐르면 너는 스스로가 자비롭다는 사실을 발견하게 될 거야. 이상하게도, 보통은 덕스러워지려고 노력해서 덕을 갖추게 되는 것이 아니란다. 덕은 살아가면서 경험하는 삶의 형태에 실려 찾아오지. 그러니까 어머니 아버지가 새로 태어난 여동생에게 '잘하라'고 말한다고 해서 네가 자비로워지지는 않는다는 거야. 여동생에게 잘하는 법을 배우는 것도 나쁘지는 않지만, 네가 코니를 쓰다듬을 때 코니가 좋아하는 것을 보고 기쁨을 느끼면서 자비가 이미 네 삶에 들어와 있음을 발견하지 않을까 싶구나. 말하자면 우리가 사랑하는 것들이 우리 안에서 덕을 끌어내는 것이지. 그렇기 때문에 자비를 베푸는 일이 자연스럽게 느껴지는 거란다. 우리는 자비롭게 살도록 창조된 거야.

사도 바울은 골로새서(3:12-17)에서 우리를 "하나님이 택하신 자"라고 부르며 이렇게 말한단다.

긍휼과 자비와 겸손과 온유와 오래 참음을 옷 입고 누가 누구에게 불만이 있거든 서로 용납하여 피차 용서하되 주께서 너희를 용서하신 것같이 너희도 그리하고 이 모든 것 위에 사랑을 더하라. 이는 온전하게 매는 띠니라. 그리스도의 평강이 너희 마음을 주장하게 하라. 너희는 평강을 위하여 한 몸으로 부르심을 받았나니 너희는 또한 감사하는 자가 되라. 그리스도의 말씀이 너희 속에 풍성히 거하여 모든 지혜로 피차 가르치며 권면하고 시와 찬송과 신령한 노래를 부르며 감사하는 마음으로 하나님을 찬양하고 또 무엇을 하든지 말에나 일에나 다 주 예수의 이름으로 하고 그를 힘입어 하나님 아버지께 감사하라.

너의 세례 1주년에 왜 내가 자비의 덕에 관심을 기울였는지 궁금해할 듯하구나. 흔히 자비보다 중요하게 여겨지는 덕이 많거든. 위의 구절에서 바울은 덕의 목록을 긍휼로 시작하지. "이 모든 것 위에" 사랑으로 옷 입어야 한다고도 말하고 말이야.

기독교 전통에서 덕목을 논할 때는 다들 언제나 사랑(love, charity)을 최고의 덕으로 여겼어. 플라톤(Plato)의 영향을 받은 아우구스티누스(Augustine)는 모든 덕이 사랑의 여러 형태라고 말했지. 아리스토텔레스의 생각을 지지한 아퀴나스(Aquinas)는 사랑은 모든 덕의 형상이라고 말했고. 다들 이렇게 사랑을 가장 중요한 기독교적 덕으로 여기는데 나는 왜 네게 자비에 관심을 가지라고 하는 걸까?

내가 자비를 말하는 이유는 이것이 네가 어린아이라는 사실과 관련이 있기 때문이야. 사람들은 흔히 어린아이는 용기를 낼 역량이 없다고 생각하지만 자비는 베풀 수 있다고 본단다. 아이들이 자연적 '잔인함'을 가졌다고 생각하는 사람들도 있어. 어린이들은 자기에게 욕구가 있음을 알고, 그 욕구를 당장 채우고 싶어 하지. 그런 이유로 때로 아이들은 다른 사람들에게도 채워야 할 욕구가 있음을 알아차리지 못해.

나는 자비의 덕이 어린이에게 특히 적절하다고 생각해서 너에게 권하는 게 아니고, 어린이들이 용기를 낼 수 없다고 믿지도 않는단다. 그러나 덕의 개발을 위해서는 올바른 양육을 받는 게 아주 중요해. 우리의 몸은 우리의 열정을 나타내는 또 다른 이름이고, 삶에 필요한 덕목이 습관적으로 나타나도록 보장해 준단다. 아마도 너는 자라면서 대개의 경우는 자비로워지려고 노력할 필요가 없을 거야. 자비 안에서 자라면서 이미 자비로워져 있을 테니까.

내가 자비로 시작한 이유는 자비가 바로 하나님의 성품

이라고 믿기 때문이야. 너는 노리치에서 태어나 세례를 받았지. 우리가 중세라고 부르는 시기에 줄리안(Julian)이라는 비범한 그리스도인이 노리치에 살았단다. 그녀는 놀랍고도 무시무시한 하나님의 환상을 보았어. 그리고 이런 유명한 주장을 했지. "만사가 잘될 것이다. 모든 일이 잘될 것이다." 이 주장은 매우 놀라운 것이었어. 그녀가 살던 세상은 '잘되는' 것과는 딴판이었거든. 그렇다면 그녀는 자신의 주장을 어떻게 확신할 수 있었을까? 그녀는 "하나님의 존재 자체가 자비하시기" 때문이라고 말했단다. 하나님이 예수 그리스도의 생애와 죽음과 부활 안에서 우리와 '동류'(kind)가 되셨기 때문에 그녀는 하나님의 자비(kindness)를 알 수 있었던 거야. 그리스도인들은 예수님이 하나님이자 사람이시라는 이 위대한 신비를 '성육신'이라고 부른단다.

성육신은 우리 신앙의 중심이기 때문에 자비야말로 우리가 부름받은 삶의 방식의 핵심이라고 할 수 있어. 우리는 지금 살고 있는 폭력적인 세상에서도 자비롭게 사는 모험을 감수할 수 있지. 우리는 하나님처럼 되라고 부름을 받지, 하나님이 되라고 부름받지는 않는단다. 사실 우리는 하나님이 하나님이시고 우리는 하나님이 아니기 때문에 우리가 하나님처럼 될 수 있다고 믿는단다. 우리는 코니와 너희 집 마당에서 기르는 토끼와 토끼들이 먹는 풀처럼 피조물이야. 또 다른 위대한 영국인 윌리엄 랭글랜드(William Langland)는 "농부 피어스의 꿈"(Piers Plowman)이라는 시에서 "무엇이 자비인가?"를 묻고 이렇게 답했단다.

> 온갖 짐승의 창조주시고
> 아버지시고 먼저 계신 분, 만물의 처음 되신 분,
> 시작이 없으신 위대한 하나님.
> 생명과 빛의 주님, 위안과 고통의 주님.

우리는 존재하는 모든 것을 자비롭게 대하도록 창조된, 자비하신 분의 피조물이야. 자비와 긍휼을 구분하기는 때로 어렵단다. 사실 그 둘을 구분할 필요가 있다는 생각은 오류일 수도 있어. 그러나 바울은 골로새서에서 둘을 구분하고 있는 듯 보이는구나. 둘 사이에 차이가 있다면 다음과 같이 정리할 수 있을 것 같아. 자비는 상대가 고통을 받는 상황이든 아니든 우리가 그와 맺어야 할 관계를 나타내지. 긍휼은 좋은 시기뿐 아니라 힘든 시기에도 우리가 다른 사람들과 함께하고, 고통을 나누어야 한다고 말하고.

자비롭다는 건 후회 없이 다른 피조물과 함께하는 피조

물이 된다는 뜻이란다. 또 방어적으로 굴지 않고 다른 이들이 베푸는 자비를 받아들이는 거지. 자비롭다는 것은 두려움 없이 하나님의 선한 창조 세계에 끌려들어 가는 걸 의미하고, 말 그대로 삶을 가능하게 만드는 다른 이들의 선물을 신뢰하는 거야. 또 자비롭다는 건 거짓이 아닌 말을 할 수 없기에 말해선 안 될 때를 안다는 의미고, 상황을 개선시키기 위해 할 말이 없거나 할 수 있는 일이 없을 때라도 기꺼이 함께하는 거란다.

어떤 덕의 본질을 이해하려면 그 반대에 있는 것과 비교해 보는 것도 좋은 방법이야. 덕의 반대는 악덕이라고 불러. 한 가지 덕과 대비할 수 있는 악덕은 여러 가지가 있지만, 자비의 반대에 해당하는 악덕은 하나이고 분명해. 바로 잔인함이야. 앞에서 나는 어린이가 다른 이들의 필요를 잘 헤아리지 못하기 때문에 '자연적으로' 잔인하다고 생각하는 이들이 있다는 말을 했는데, 그런 식의 생각은 대체로 오류란다. 어린 이들이 가끔 잔인하게 행동할 때가 있지만, 실제로 잔인한 경우는 드물어.

우리는 대체로 누군가가 '일부러' 잔인하게 행동한다고 생각하고 싶어 하지 않지만, 불행히도 다른 사람들을 끈덕지게 무시하는 어떤 이들의 행태는 잔인함이라고 부를 수밖에 없지. 그리고 인간은 더없이 교묘한 피조물이기 때문에, 잔인함을 다른 이들의 행복을 위한 배려인 척 위장할 수 있어. 잔인함이 한번 습관으로 자리 잡으면, 거기서 벗어나려고 의지를 발휘하는 것만으로는 그 습관을 바꿀 수 없어. 의지에 더해서 우리가 잔인하게 굴었던 상대에게 용서를 구하는 것 같은 단순하고 작은 조치들로 이루어진 새로운 삶의 방식이 있어야 하지.

네가 잔인해지고 싶은 유혹을 받는 일은 별로 없을 것 같구나. 덕스럽게 사는 데 가장 큰 위협은 악덕이 아니라 덕과 유사한 성질이야. 예를 들어, 자비의 가장 큰 적은 감상주의란다. 감상주의는 진실하지 않고도 자비로울 수 있다는 생각으로 확대 해석할 수 있는데, 이렇게 되면 덕스러운 삶을 크게 위협하게 되지. 감상주의는 공적 관심의 표현과 진정한 배려를 혼동하게 만들어 자비를 조롱한단다. 그리고 상황을 인식했음을 알리는 우리의 제스처가 사실은 우리의 자기중심성을 표현한다는 추한 진실을 가리지.

자신이 자비롭게 행하고 있는지, 감상주의에 머물러 있는 상태에 불과한지 분간하기 어려울 때도 있을 거야. 대부분의 경우 우리는 뒤돌아볼 때만 자신의 습관적 성향과 행동을 어느 정도 이해할 수 있단다. 자비에 필요한 적절한 자기 지식을 갖기 위해서는 좋은 친구들이 있어야 해. 그런 친구들과의 우정을 통해 자신이 누구고, 어떤 사람이 되고 있고, 누구에게 속하는지 볼 수 있을 거다. 너는 하나님, 하나님의 백성인 교회, 네가 자비로울 수 있게 자비를 베푸는 모든 이에게 속한 사람이야.

자비는 다른 모든 덕과 마찬가지로 홀로 설 수 없음을 너도 알아챘겠지. 자비가 감상주의에서 벗어나려면 정직의 덕이 필요하단다. 앞으로 여러 해에 걸쳐 우리는 덕 하나하나가 어떤 이름을 갖고 있고 어떻게 서로 이어져 있는지 함께 살펴볼 거야. 각각의 덕이 특별히 네게 어떤 도전과 기회를 제시하는지도 볼 거야. 예를 들어, 코니를 사랑하고 돌볼 기회가 모든 사람에게 주어지지는 않겠지? 하지만 하나님은 자비로 가는 길을 찾는 데 필요한 것을 모든 사람에게 주실 거야. 우리는 그렇게 믿는단다. 하나님이 그분의 아들을 주신 이유가 선의를 명분으로 다른 이들을 잔인하게 대하고 싶은 유혹에서 우리가 벗어나게 하기 위해서라고 믿는다는 말이야. 이제, 네가 받은 삶에서 기쁨을 누리려무나. 기쁨은 자비의 길을 가능하게 만드니까.

그리스도 안에서
스탠리

진실함

∽ 세례 2주년 기념일 ○ 2004년 10월 27일 ∽

로리에게

폴라와 나는 4월 말에 네가 사는 집을 방문했어. 덕분에 로리로 사는 게 어떤 건지 좀 알게 되었단다. 너와 네 여동생 스테파니가 자라는 모습을 보는 일은 즐거웠어. 스테파니도 만났거든. 너희는 함께 있고 싶은 아이들이야. 둘 다 삶을 맘껏 즐기니까 말이야. 로리 너는 공을 좋아하더구나. 특히 공을 차는 걸 좋아하던데 그건 좋은 일이야. 축구(너희 영국 사람들은 풋볼이라고 하지)는 (영국의) 주요 스포츠거든. 너의 대부 중 한 사람이 미국인이라는 사실은 좀 불리해 보인다. 나는 네가 분명히 사랑하게 될 스포츠를 결코 이해하지 못할 테니까.

지난번 편지에서 나는 우리가 어두운 시대에 산다고 썼지. 세상이 더 나아지고 있다고 말할 수 있으면 좋겠다만, 상

진실함 Truthfulness

황은 안 좋아지는 듯하구나. 미국과 영국이 이라크에서 벌인 전쟁, 곧 그 전쟁을 계획한 이들이 '선택적'이라고 말한 전쟁은 잘 풀리지 않았어('선택적 전쟁'은 침공을 받고 벌어지는 '필연적 전쟁'과 대비되는 개념이다—옮긴이). 미국인들과 영국인들은 전쟁에서 '승리'했지만, 여기서 '승리'는 아랍 국가의 국민들에게 그들이 원하지 않는 정부를 강요해야 한다는 뜻이었지. 한마디로, 상황은 엉망진창이다. 하지만 이런 상황일수록 네가 너의 삶이라는 경이를 누리는 일이 더욱 중요하단다.

네 삶의 경이로움 중 하나는 네 말문이 트였다는 거야. 폴라와 나는 네가 "다-다"라고 하는 말을 분명히 들었는데, 이 편지가 도착할 무렵이면 네 어휘는 아주 풍부해졌겠지. 너는 미처 깨닫기도 전에 문장으로 말하고 있을 거야. 세상은 말로 이루어져 있는데 그 방식이 특별해서 우리와 세상을 구분하는 게 어렵단다. 우리 삶의 경이로움 중 하나는 우리가 세상을 창조할 필요가 없다는 사실이지. 하나님은 그분이 친히 창조하신 것을 우리가 누릴 수 있게—그리고 그로 인한 하나님의 기쁨에 참여할 수 있게—만드셨거든. 창조 세계는 선물이야. 우리가 할 일은 받아들이는 법을 배우는 거란다. 언어는 그런 선물 중 하나고, 어쩌면 손에 꼽을 만큼 귀한 선물일 거야. 언어는 우리가 하나님의 은혜와 선한 창조의 선물들을 받을 수 있게 도와준단다.

우리는 혀를 가진 존재로 창조되었어. 하나님이 창조하신 대부분의 동물이 혀를 갖고 있지만, 우리의 혀는 특별하단다. 혀가 있어서 무한히 다양한 멋진 소리를 낼 수 있지. 혀의 유연성 덕분에 의사소통을 할 수 있는 언어를 발달시킬 수 있었어. 그러나 이 선물을 근거로 우리가 하나님의 다른 창조물과 다르다는 오만한 주장을 하지 않도록 조심해야 해. 분명 우리가 언어라는 특별한 선물을 받아서 풍성한 공동생활이 가능하지만, 다른 동물들도 언어를 발전시키고 의사소통을 할 수 있거든.

공동생활을 하고 의사소통을 할 수 있으려면 서로 진실하게 말해야 한단다. 너의 세례 2주년을 기념하여 이 진실함의 덕을 권하고 싶구나. 흥미롭게도, 진실함은 기독교의 신학적 사색에서 주요한 미덕으로 거론된 적이 별로 없어. 우리는 흔히 거짓말하지 말라는 말을 듣지만 거짓말을 피한다고 해서 반드시 진실해지지는 않는단다. 진실함은 우리 삶에서 너무나 중요해서 오히려 잘 보이지 않는 덕목 중 하나인 듯해. 그러나 '보이지 않는다'는 점 때문에 서로 평화롭게 사는 데 진실이 꼭 필요하다는 사실을 놓치지 않도록 유의해야 하지.

사도 바울은 에베소서에서 "사랑 가운데 진리를 말하라"

고 촉구하는데, 이것은 우리가 "사랑 가운데 진리를 말하며 범사에 머리 되시는 그리스도에게까지 자라나[게]" 하려는 뜻이란다. "그리스도로부터 [뻗어 나온] 온몸이 각 마디를 통해 함께 연결되고 결합"되지. "각 지체가 맡은 분량대로 기능하는 가운데 그 몸을 자라게 하며 사랑 가운데 스스로를 세워 [간다]"(엡 4:15-16, 우리말성경). 바울은 더 나아가 우리, 즉 그리스도가 자기 소유로 삼으신 사람들은 그리스도 안에서 진리를 배웠기 때문에 탐욕과 방탕에서 자유롭게 된다고 말해. 그리스도 안에서 진리를 배운 우리는 "거짓을 버리고 각자 자기 이웃과 더불어 진실을 말"해야 한단다. "왜냐하면 우리가 서로 한 몸의 지체들이기 때문"이야(엡 4:25, 우리말성경). 그리고 요한계시록은 거짓말을 지어내는 자들이 살인자들 및 우상 숭배자들과 한 무리로 취급될 거라고 말한단다(계 22:15).

성경의 이런 구절들은 서로 평화롭게 살기 위해 진실함이 왜, 어떻게 중요한지 이해하는 데 도움이 돼. 나는 어떤 이들이 살인자가 된 이유가 거짓으로 이루어진 삶을 참된 것으로 만들기로 작정했기 때문이 아닌가 싶구나. 다시 말해 우리의 삶이 그토록 자주 왜곡되는 이유는 우리가 나쁜 사람이라서가 아니라 착해지고 싶고, 진실을 말하고 싶기 때문 아닐까. 그러나 그리스도가 진리임을 배우고도 진리대로 살지 않으면 진실하게 말하고 싶은 욕구, 우리를 하나님께로 이끌어야 할 욕구가 오히려 우리 삶을 타락시킨단다. 우리가 사는 모습과 알고 있는 진리 사이의 거리는 우리를 고통스럽게 하고 삶을 바꾸기보다는 진리를 바꾸도록 유혹하지.

하나님이 우리를 서로 의사소통을 하고 진실을 말하도록 창조하신 이유는 서로의 지체가 되게 하기 위해서야. 서로의 지체가 되었다면 상호 신뢰하는 법을 배워야 해. 더불어 살기 위해서는 진실함뿐 아니라 신뢰라는 선물이 꼭 필요하단다. 진리가 있어야 가능해지는 신뢰를 잃어버리면, 우리 삶은 여러 형태의 폭력에 사로잡힐 수밖에 없어. 그 폭력은 종종 질서로 위장되고, 그래서 사람들은 거짓에 불과한 그 핵심을 인식하지 못해.

이런 이유로 진실하지 않은 모든 평화는 저주 아래 있지. 진실함으로 평화를 이루는 일은 힘들지만 즐겁다는 사실에 감사해야 한단다. 사실 평화가 힘든 일이 아니라면 즐거울 수도 없어. 평화는 진실한 말에 따라오기 때문에 폭력의 부재와 평화를 혼동해서는 안 돼. 그래서 진실은 거짓보다 더 근본적이지. 거짓은 언제나 진실에 기생한단다.

진실함의 덕을 묘사하는 데 자주 쓰이는 단어가 정직이야. 정직은 분명 진실함을 말하지만, 흔히 분명한 형태의 행동을 가리켜. "그 사람은 정직한 일을 했어"라는 말을 너도 들어 보았을 테지. 진실하기 위해서는 정직이 필요하지만, 정직은 진실함의 온전한 실체를 담아내지 못해. 속임수는 정직하지 못한 행위고, 거짓말은 일종의 속임수라고 생각할 수 있지. 그러나 진실하게 말한다는 것은 상대에게 진실을 말해야 할 '의무가 있지 않은' 상황에서도 때로는 해야 할 말을 해야 한다는 뜻이란다. 물론 잔인하게 굴라는 말은 아니야.

너도 알다시피 나는 텍사스 사람이야. 텍사스 사람들은 '직설적인 사람'이라는 자부심이 있지. 우리는 '있는 그대로' 말해야 한다고 생각한단다. 그 결과, 종종 솔직함과 진실함을 혼동하지. 진실은 때로 고통을 수반하지만, 그렇다고 해서 누군가에게 상처를 준 행동이 진실을 말했다는 증거가 되지는 않아. 진실하다는 의미가 해야 할 말을 노골적으로 전해야 한다는 뜻은 아니거든. 우리는 해야 할 말을 받아들여질 수 있는 방식으로 말해야 해. 애석하게도, 이런 요구 사항은 진실을 말하지 않는 핑계로 쓰일 수 있단다.

이것은 진실함이 부단한 훈련과 경계가 필요한 기술이라는 사실을 기억하게 해 주지. 어떤 시간과 장소에서는 진실이었던 말이 다른 시간과 장소에서는 진실하지 않은 것이 될 수 있어. 디트리히 본회퍼(네 세례식 때 보낸 편지에 쓴 말을 기억하니?)는 "'진실을 말함'이란 무엇을 의미하는가?"라는 멋진 에세이에서 진실을 말하는 일은 성품의 문제만이 아니고, '실제 상황'을 제대로 인식하는 일에 대한 문제라고 말한단다. 그리스도인으로서 어떻게 말해야 하는지 이해하려면 지금 실제로 벌어지는 상황에 대응해야 한다는 뜻이야. 본회퍼는 "진실을 말하는 것은 배워야 할 사항"이고 배움은 하나님과 함께하는 지속적 삶의 일부이기 때문에 절대 완료될 수 없다고 말해.

이런 토대 위에서 그는 거짓말이 '생각과 말 사이의 의식적 불일치'라고 보는 통상적 정의가 충분치 않다고 주장한단다. 그런 견해가 틀렸다고 말하지 않고 충분치 않다고 한 표현에 주목하려무나. 문제는 거짓말에 대한 어떤 형식적 설명도 진실함이라는 복잡한 기술을 정당하게 평가할 수 없다는 점이야. 진실함은 그리스도 안에서 자신을 세상에 증명하신 하나님을 인정하는 기술이야. 본회퍼는 요한일서 2장 22절을 인용한 후에 이렇게 설명해.

"거짓말하는 자가 누구냐? 예수께서 그리스도이심을 부인하는 자가 아니냐?" 하나님의 말씀, 하나님이 그리스도 안에서 하신 말씀, 창조 세계의 토대가 되는 말씀을 부정하는 것이 거짓말이다. 결과적으로, 하나님이 창조하시고 붙드시는 실재를 부정하고 거부하고 의식적이고 의도적으로 파괴하는 것이 거짓말이다. 파괴의 수단이 말이든 침묵이든 상관없다. 침묵의 합당한 목적은 하나님 안에 존재하는 실재를 접하고 우리의 언어가 한계에 부딪혔음을 보여 주는 데 있다.

이것이 어려운 내용인 줄은 안다만, 네가 미래에 꼭 붙들어야 할 사실을 전달하고 있는 중요한 대목이란다. 진실함을 권하면서 내가 본회퍼를 따라 거짓말에 대해 말하고 있음을 너도 알아챘을 거야. 모든 선물과 덕에는 그 반대가 있어. 진실함의 반대는 거짓말이야. 거짓말에는 누군가를 오도하려는 의도적 시도가 있을 수 있지만, 종종 진실과 구분하기 어려울 때가 있단다. 심지어 진실을 말하려는 경우에도 그럴 수 있어. 우리의 말 속에 거짓이 살고 있기 때문이지. 하지만 우리는 그런 말을 진실이라고 불러. 모두가 그렇게 말하니까.

그래서 꼭 기억해야 할 사실이 있어. 진실하게 말하려면 우리의 입을 통해 쏟아져 나올 거짓을 폭로해 줄 교회의 도움이 필요하다는 사실이야.

그러나 우리가 진실하게 살고 하나님을 신실하게 예배하도록 창조된 존재라면 왜 거짓말을 할까? 우리가 거짓말을 좋아하는 이유는 아주 많아. 교만과 권력은 거짓말을 하도록 자주 유혹하는 삶의 여러 측면을 가리키는 이름이지. 네가 말을 배우면서 힘을 잃게 된 과정을 한번 볼까? 네가 그저 손으로 가리키기만 하면 원하는 것을 얻던 시절, 너는 어머니 아버지를 마음대로 움직이게 할 수 있었지. 그분들은 네가 원하는 것이 무엇인지, 무엇이 너를 만족시켜 줄지 알아맞혀야 했어. 하지만 말을 할 수 있게 되면서 너는 그런 힘을 잃어버렸어. 이제는 부모님이 널 설득할 수 있게 되었거든. 말을 배움으로써 너는 자아도취에서 벗어나는 끝없는 과정에 들어왔어. 말에는 다른 이들에 대한 책임이 따라오는 법이니까. 일단 아이가 말로 의사 표현을 할 수 있게 되면, 의사 표현을 잘하려는 노력이 의무가 되지. 이것은 손실이 분명하지만 멋진 이득이기도 해. 의사 표현의 힘이 생기면 우리는 이제껏 상상해 온 이상의 존재가 될 수 있기 때문이야.

　우리가 종종 거짓말을 하는 이유는 오만한 존재이다 보니 우리 자신의 한계가 폭로되지 않았으면 해서야. 자신의 어리석음이 발가벗겨질까 봐 무섭다는 뜻이지. 우리는 거짓 세상을 만들어 내고 그 안에 살면서 진짜와 가짜의 구분을 불가능하게 만들어. 자신의 거짓말이 진짜처럼 보이게 만드는 데도 아주 능하지. 그렇기 때문에 거짓말이 폭로되는 상황은 아주 극적으로 이루어져. 우리는 보다 결정적 실재에 떠밀려 자신의 망각에서 말 그대로 쫓겨나야 해. 어떤 사람들은 거짓된 삶(우리 삶을 이루는 거짓들은 흔히 '절반의 진실'이라는 무서운 모습으로 나타나지)에 능숙해진 나머지 결국 제 것이 아닌 삶을 사는 신세가 된단다. "자신에게 거짓말하는 것"보다 더욱 심각한 상황인 자기기만은 죽음보다 못한 운명이지. 사실, 자기기만은 일종의 죽음이야. 자기기만에 빠지면 우리는 하나님의 부름에 부응하는 존재, 즉 우리가 창조하지 않은 세상을 기뻐하는 피조물이 될 능력을 잃어버리거든.

진실을 말한다는 의미는 눈에 보이는 그대로의 존재가 되어야 한다는 뜻이야.

한때는 이것을 올바른 성품을 갖춰야 한다는 식으로 표현했어. 앞에서 진실을 말하는 일이 단순히 성품의 문제가 아니라는 본회퍼의 말을 소개했는데, 이 말은 사실이지만 올바른 성품 없이는 하나님이 존재하지 않는 것처럼 살도록 우리를 유혹하는 여러 거짓말 한복판에서 길을 잃지 않을 도리가 없단다. 진실하게 살고 싶다면 우리 죄를 고백할 수 있어야 하고 그렇게 함으로써 죄를 용서받아야 해.

이제 너는 자라면서 용서받기보다 용서하기가 더 쉽다는 사실을 알게 될 거야. 하지만 그리스도인이 된다는 의미는 용서받는다는 뜻이란다. 용서를 통해 우리는 자신의 창조주가 되려는 헛된 시도에서 벗어나고 자신에 대한 진실을 발견하게 돼.

진실함의 덕에 초점을 맞춘 내용이 너를 절망으로 이끌지 않으면 좋겠구나. 진실하게 살고 진실하게 말하는 일은 너무나 어려워 보인단다. 그러나 분명히 어렵지만, 대부분의 경우 우리는 진실을 말할 수 있어. 진실을 말하면 기쁘거든.

하나님은 진실함을 연마할 멋진 훈련 방법을 우리에게 허락하셨어. 그 훈련을 기도라고 부른단다. 기도 배우기는 태양과 별들을 움직이는 진리와 사랑이 우리의 몸을 빚도록 내어 맡긴다는 의미야. 교회의 위대한 기도문들로 기도하라고 권하고 싶구나. 여러 세기에 걸쳐 성도들이 가다듬어 온 그 기도문들은 우리가 하나님께 말씀드려야 할 내용을 더도 말고 덜도 말고 딱 필요한 만큼 말할 수 있게 해 준단다. 그런 기도는 참된 말의 기준이 되고, 그 기준에 비추어 우리는 삶이라는 경이를 허락하신 하나님을 찬양하고 감사하는 법을 배울 수 있지.

평화와 사랑을 담아
스탠리

추신 ── 지금까지 쓴 편지들에 부록을 달아야 할 시간인 듯하구나. 폴라가 이 편지들을 출간할지 내게 물었는데, 부분적으로는 그렇다고 대답했단다. 네가 크면 내가 쓴 글이 책으로 많이 나와 있음을 알게 될 거다. 내가 그렇게 많은 책을 출간했다는 사실은 복이자 저주인 듯해. 복이라 하는 이유는 내가 쓴 내용 덕분에 여러 사람이 내 인생에 들어왔고 나를 친구로 여기게 되었기 때문이야. 네 부모님이 대표적 예지. 저주인 이유는 그로 인해 내가 '유명'해졌기 때문이야. 적어도 우리 세상에서 신학자로서는 더 이상 유명해질 수 없을 만큼 유명해졌어. 스탠리 하우어워스가 될 생각이 없었다고 하는 말은 내가 그 명성을 표현하는 방식이야. 하지만 나는 '스탠리 하우어워스'라고 불리는 존재가 되었고 그와 더불어 좋은 점과 나쁜 점이 다 따라온단다. 그래서 이 편지들은 너 말고 다른 사람들도 읽게 될 거야. 스탠리 하우어워스를 더 잘 이해하기를 바라는 사람들 말이야.

이 편지들이 출간될 거라고 말했지만, 여전히 내가 이 편지를 너에게 쓰고 있다는 사실을 명심하마. 어떤 사람들은 말이 안 된다고 생각할 수도 있어. 네가 지금보다 훨씬 나이가 들어야 이 편지들의 내용을 '이해'할 수 있을 테니 말이야.

설명이 필요하겠구나. 나는 이 편지들을 네가 지금 읽을 수 있는 수준으로 쓰고 있지 않아. 네가 좀더 커서 어린이가 되었을 때 읽어 주라고 쓰고 있지도 않단다. 나는 아주 어린 사람에게 글을 쓰는 법을 몰라. 알면 좋겠지만, 그런 고도의 소명을 감당할 재능도 기술도 없어. 그래서 네가 나이가 더 들면 그때 이 편지들을 읽고 여기저기서 도움이 되는 문장을 발견해서 네 삶을 구성하는 여러 덕의 이름을 댈 수 있기를 바라며 이 글을 쓰고 있단다.

우정

~ 세례 3주년 기념일 ○ 2005년 10월 27일 ~

로리에게

너는 이제 곧 미국에서 살게 되겠구나. 정말 놀라운 일이지! 네 아버지 어머니가 듀크 대학교에서 제시한 일자리를 수락했단다. 네 아버지는 듀크 대학교 예배당 교목으로, 네 어머니는 교수로 함께하게 되었어. 네 가족이 노스캐롤라이나 더럼에 살게 되다니, 그것도 폴라와 내가 일하는 듀크대에서 근무한다니 이보다 기쁜 일이 있을까. 이제 우리 둘은 서로를 제대로 알게 되겠구나. 벌써 네 아버지는 내가 너의 '상주하는' 대부모라고 말한단다. 솔직히 말해 그 말에 좀 움찔했어. 대부모 노릇을 어떻게 할지 확신이 없었거든.

지금처럼 멀리서 편지를 쓰는 편이 낫기는 해. 내 실제 생활은 네게 권한 덕에 한참 못 미치거든. 그래도 폴라와 나는 너거들(y'all, 미국 남부 사투리가 튀어나오는구나)이 온다는 소식에 기쁘고 즐겁고 들떠 있단다. 한편으로는 걱정도 돼. 많은 보수적 미국인이 주장하듯 네가 이사 올 나라 미국이 퇴폐적 사회여서는 아니야. 오히려 미국보다는 영국이 더 퇴폐적이지 아마. 결국 퇴폐는 고도의 문화적 성취가 있어야 가능한 일이거든. 미국에서 문제가 되는 퇴폐성은 '우리는 그냥 다 잘 지낸다'는 생각에서 포착되는 미국인들의 천박함이란다. 항상 착하게 굴라고 요구하는 미국인들에 비하면 영국인들의 심술은 상당히 매력적이라고 할 수 있지.

나는 네가 미국 문화 때문에 타락할까 봐 염려는 하지 않아. 너는 샘과 조의 아들 아니니. 그들은 네가 진짜 영국인이라는 사실을 잊지 않게 할 뿐 아니라 네 삶이 아름다움, 선함, 진리로 둘러싸여 있게 해 줄 거야. 달리 표현하자면, 네가 하나님을 예배하게 할 거야(두 사람이 그렇게 하도록 만드는 것이 나의 임무지). 너는 분명히 듀크 예배당에 자주 갈 텐데, 그곳은 예배 시간에 장엄한 음악이 울려 퍼지는 아름다운 건물이란다. 하지만 폴라와 나는 네가 우리와 함께 홀리패밀리교회에서도 예배드릴 수 있기를 기대해. 듀크 예배당에 비하면 아담하지만, 아담함도 종종 상당히 아름다울 수 있단다.

어쨌든 나는 미국 문화가 네게 미칠 영향에 대해서는 그리 염려하지 않아. 하지만 미국에서 지내는 동안 미국의 힘이 지닌 매력에 저항하기가 힘들지 않을까 걱정은 돼. 미국은 유혹하는 힘이 대단한 나라야. 너는 '미국이 세계에서 가장 강력한 나라'라는 말을 거듭거듭 듣게 될 거야. 그리고 그 말을 믿고 싶은 마음이 들겠지. 미국의 경제적·군사적 힘은 정말 어마어마하거든. 세계에서 가장 강력한 나라의 일부가 된다는 사실은 상상력을 사로잡는 일이 틀림없지. 미국이 힘을 쓰는 방향에 비판적인 사람도 그런 강력한 나라와 일체감을 느끼고 싶은 유혹에 저항하기는 어려워. 그렇게 힘이 크다는 사실을 문제 삼는 대신 그 힘을 어떻게 쓰는가가 문제라고 믿고 싶은 유혹을 받을 수밖에 없지. 미국의 힘이 선에 봉사하도록 만들어야 한다는 생각에 저항하기가 거의 불가능함을 알게 될 거다.

나는 미국의 야망을 과격하게 비판하는 사람이라는 취급을 종종 받는데, '과격한' 입장은 기독교스럽다기보다는 미국스러운 듯하구나. 주위 세상이 미쳐 가는 것처럼 보일 때 차분함을 유지하기란 어려워. 미국에서는 2001년 9월 11일 이후로 특히 더 그렇지. 세계에서 가장 강력한 나라가 두려움으로 굴러간단다. 그 이유는 대부분의 미국인들이 죽지 않을 것처럼 살기 때문이야. 우리는 지금처럼 계속 죽음을 부정하기 위해서 필요하다면 나머지 세계를 위험에 빠뜨릴 준비도 되어 있어.

그러나 나는 미국인이고 미국을 사랑해. 아니, 내가 미국을 비판하는 이유는 미국인이 되기를 피하고 싶어서가 아니야. 나는 아름답고 다채로운 미국의 풍경을 사랑하고, 미국인들의 다양성을 사랑하고, 미국인들의 정신과 에너지를 사랑해. 물론 우리의 음식도 사랑하지. 하지만 우리 음식은 대부분 '우리 것'이 아니라 이탈리아와 멕시코와 아시아의 음식이야. 미국은 아주 좋은 것들로 이루어져 있지만, 그것들이 미국의 오만과 허세로 왜곡된 경우가 너무나 많단다.

너는 미국의 뿌리와 역사에 관한 충격적인 사실을 알게 될 거야(적어도 나는 네가 알게 되기를 바란다). 과거에 미국인들은 아메리카 원주민들을 학살했고 미국은 노예 소유를 허용했다는 사실이지. 미국인들은 공적 대화에서 이 부분을 대개 인정하지 않지만 분명한 '사실'이란다. 모든 사람이 그렇듯 미국인들도 너무나 엇나가 버려서 바로잡기 위해 할 수 있는 일이 없는 잘못은 인정하기 어려워해. 그 결과 슬프게도 미국은 과거를 부정하는 나라에 머물러 있지. 과거를 부정하다 보니 선택적 기억 상실이 나타나고 그 빈자리를 부와 행복 추구가 채우고 있단다. 미국인들의 삶의 초점은 과거가 아니라 미래에 있어. 미국인들은 미국식 교육과 정치 제도와 돈이 있다면, 모든 사람이 미국인처럼 되고 싶어 할 거라고 확신하지. 이런 추정 때문에 미국인들은 아주 위험한 국민이 되었단다.

같은 이유로 미국은 그리스도인들에게도 아주 위험한 곳이 되었어. 미국적 '이상'과 기독교적 실천을 혼동할 위험이 있거든. 종종 미국의 그리스도인들은 예수님이 민주 사회와 정부를 세우기 위해 오셨다고 생각하는 것처럼 보인단다. 그들은 교회가 미국에서 '자유롭다'고 생각해. 그리스도인들에게 대단히 위험한 생각이지. 왜냐하면 이런 생각은 민주주의를 지키기 위해 누군가를 죽여야 한다면 그럴 수 있다는 생각으로 이어지거든. 그 결과, 미국 그리스도인들의 국가에 대한 충성이 교회의 일치를 위협하는 상황이 되었단다.

이제 너의 세례 3주년을 기념하여 내가 권하고 싶은 덕을 말할 때가 되었구나. 이번 편지를 읽으면서 내가 숙제를 잊은 것이 아닌지 네가 의아해했을지도 모르겠다. 너의 미국행은 내가 맡은 과제를 다른 방식으로 생각하게 만들었단다. 네가 덕을 올바로 이해한다면, 덕의 취지는 우리를 보호하기 위한 데 있지 않고 우리가 처한 세상의 여러 위험을 헤쳐 나가도록 돕는 데 있다는 사실을 깨닫게 될 거야. 그래서 나는 네가 자라면서, 적어도 미국에 있는 동안에는 가장 중요한 덕이 우정의 덕이라고 생각한단다.

우정은 이상한 덕이야. 그것이 덕인지 분명하지 않거든. 아리스토텔레스는 『니코마코스 윤리학』(The Nicomachean Ethics) 제8권을 시작하면서 우정이 "덕이거나 덕과 함께 가는 것"이라고 말했지. 그가 우정이 덕인지 확신하지 못한 이유는 우정의 습관을 통해 몸에 무엇이 익는지 분명하지 않기 때문이야. 결국 우정은 관계인데, 습관이 어떻게 관계의 자격을 얻을 수 있을까? 아리스토텔레스는 바로 이 부분 때문에 우정이 "덕과 함께 가는" 것이라고 말하면서도 그 덕을 우정이라고 불러야 한다고 생각하게 되었단다. 사실, 그는 이어지는 대목에서 우정이 "삶에서 가장 필요한" 덕이라고 말하기까지 해. 아마도 좋은 우정을 뒷받침하는 힘이 모든 덕의 시금석이라고 제대로 믿어서인 듯해.

그의 이러한 믿음이 대단히 중요한 이유는 미국인들은 아주 우호적이지만 친구 노릇을 썩 잘하지 못하기 때문이란다. 우정, 적어도 덕에 해당하는 우정은 알고 보면 아주 부담스러워. 아리스토텔레스는 대부분의 우정이 쓸모나 즐거움을 위해 존재한다고 말하지. 더 이상 서로가 필요하지 않거나 같은 즐거움을 누리지 않을 때 친구 관계는 끝이 나거든. 미국인들은 그런 우정을 다른 무언가로 대체할 수 없다고 생각하는 듯하단다.

하지만 아리스토텔레스는 오래가는 형태의 우정이 있다고 생각했어. 그는 친구들이 덕에 대한 사랑을 공유한다면 우정이 오래갈 거라고 믿었지. 그래서 그는 누군가의 친구가 되려면 먼저 우리가 우리 자신의 가장 좋은 친구가 되어야 한다고 생각했어. 우리가 자신의 최고의 친구가 된다는 말은 '이기적'으로 들릴 수 있지만, 나는 아리스토텔레스가 핵심을 건드렸다고 생각해. 그러나 복음 안에서 우리에게 주어진 자원이 없을 경우, 내가 나의 최고의 친구가 된다는 말은 상당히 비뚤어진 상황을 의미할 수도 있어. 내가 나의 친구가 되려면 먼저 다른 사람에게 용서받을 수 있어야 하기 때문이야.

이것은 바라건대 덕스러운 우정에 대한 아리스토텔레스의 생각이 매력적인 만큼 한계도 있음을 밝혀 주는 대목이란다. 예를 들면, 아리스토텔레스는 너와 내가 친구가 될 가능성이 낮다고 보았어. 젊은이는 덕을 갖출 능력이 없다고 생각했기 때문이지. 게다가 그는 나이 든 사람(나는 나이 든 사람이지)과 어린 사람의 우정이 불가능하다고 생각했어. 나이의 차이는 두 사람을 너무나 다른 존재로 만든다는 거야. 그는 너와 내가 친구가 되기에는 공통점이 너무 없다고 생각했을 거야. 이런 생각이 지나치다고 느껴질 수도 있지만, 그가 진정한 우정의 어려움에 대해 말한 내용은 불행히도 많은 경우 사실이야. 하지만 우리가 그리스도인이라면 이야기가 달라지지.

요한복음에서 예수님은 제자들을 친구라고 부르시면서 이렇게 말씀하셨어. "너희는 내가 명하는 대로 행하면 곧 나의 친구라. 이제부터는 너희를 종이라 하지 아니하리니 종은 주인이 하는 것을 알지 못함이라. 너희를 친구라 하였노니 내가 내 아버지께 들은 것을 다 너희에게 알게 하였음이라. 너희가 나를 택한 것이 아니요 내가 너희를 택하여 세웠나니 이는 너희로 가서 열매를 맺게 하고 또 너희 열매가 항상 있게 하여 내 이름으로 아버지께 무엇을 구하든지 다 받게 하려 함이라. 내가 이것을 너희에게 명함은 너희로 서로 사랑하게 하려 함이라"(15:14-17). 예수님은 아리스토텔레스가 이해하지 못했을 방식으로 우리와 예수님이 친구가 될 수 있고 우리 서로가 친구가 될 수 있다고 말씀하시지. 이 일은 하나님의 아들, 삼위일체의 2위이신 그분이 해와 별들을 움직이는 사랑으로 우리를 자기 것으로 삼으시는 덕분에 가능해. 예수님이 우리를 친구로 삼으실 수 있다면, 너와 나는 나이 차에도 불구하고, 어쩌면 그 차이 때문에 서로 친구가 될 수 있단다.

하나님이 우리를 친구로 삼기 원하신다니 참으로 놀라운 일이야! 이건 도대체 어떤 의미일까? 나는 이 문제에 만족스러운 답을 내놓을 수 있는 척 가장할 생각은 없다만, 그 답에 기도를 배우는 일이 포함된다고 확신해. 우정이 덕과 함께 간다는 아리스토텔레스의 말이 옳다면, 기도는 우정을 가능하게 만드는 일종의 습관임이 분명해. 기도를 배우는 일은 우리 삶이 하나님께 민감해진다는 뜻이야. 하나님을 섬기는 데는 시간과 인내가 들고, 우정을 나누는 데도 똑같이 시간과 인내가 필요하단다. 우리는 시간과 인내가 부족하다고 여기는 세상에 살고 있지만, 그리스도인인 우리는 하나님이 우리가 서로서로 친구가 되고 하나님과 친구가 되는 데 필요한 시간과 인내를 다 주셨다고 믿어. 아일랜드의 가톨릭 성직자인 내 친구 엔다 맥도나(Enda Mcdonagh)는 기도를 가리켜 우리가 하나님을 세상에 풀어놓는 방식이라고 말했어. 성령이 얼마나 야성적인 분인지 생각하면 더럭 겁이 나는 말이지. 세상에 '하나님을 풀어놓는다'는 말이 무슨 뜻일까? 하나님이 우리가 서로 친구가 되고, 심지어 원수와도 친구가 되도록 가르치심으로써 우리의 조급함을 이기셨음을 세상에 보인다는 말이 아닐까?

결과적으로, 친구가 되려면 놀랄 준비를 해야 한단다. 하나님이 어떻게 나타나실지 예상할 수 없기 때문이지. 하나님이 예수님으로 나타나실 줄 어느 누가 예상했겠니? 마태복음에서 예수님은 '의인들'에게 그들이 그분을 영접하지 않았다고 말씀하신단다. "내가 주릴 때에 너희가 먹을 것을 주지 아니하였고 목마를 때에 마시게 하지 아니하였고 나그네 되었을 때에 영접하지 아니하였고 헐벗었을 때에 옷 입히지 아니하였고 병들었을 때와 옥에 갇혔을 때에 돌보지 아니하였"기 때문이야. '의인들'은 그런 상태의 예수님을 보지 못했다고 항의하지만, 예수님은 이렇게 대답하시지. "내가 진실로 너희에게 이르노니 이 지극히 작은 자 하나에게 하지 아니한 것이 곧 내게 하지 아니한 것이니라"(마 25:42-45).

그리스도인들은 낯선 이들과 친구가 될 수 있는 충분한 시간을 갖고 있다고 믿는단다. (그 낯선 이들 중에는 코니처럼 우리가 동물이라 부르는 피조물도 있을 수 있어. 너도 동물이라는 사실과, 코니와 친구가 된 일을 통해 낯선 이와 어떻게 친구가 될 수 있는지에 대한 중요한 교훈을 배웠음을 잊지 말려무나.) 환대는 분명 덕인데 아리스토텔레스는 몰랐던 덕이야. 환대의 덕에 힘입어 그리스도인들은 낯선 이들과 친구가 되기를 바랄 수 있지. 그리스도인들은 우리에게 있는 줄도 몰랐던 친구들이 기다리고 있음을 믿는단다. 예를 들면, 샘 웰스라는 영국인이 나를 친구라고 내세우게 될 줄 내가 어떻게 예상할 수 있었겠니? 우리 두 사람의 생애를 보면 '자연적으로' 친구가 되었다고 말할 수 없어. 우선, 네 아버지는 내가 흉내도 못 낼 만큼 훨씬 '교양 있는' 사람이야. 내가 텍사스 사람이라는 사실을 기억하렴. 그러나 우리 두 사람은 친구지. 하나님이 우리를 같은 판단들을 내릴 수 있게 이끌어 주셨기 때문이야. '판단'이란, 시간 속에서 내린 헌신들을 가리키는 이름이고, 그 헌신들로 이루어진 역사가 삶의 방식이 되는 거란다. 나는 가끔 이것을 '성품'이라고 불러.

네 아버지가 나를 친구라고 주장해 준 덕분에, 우리는 우리가 사랑하고 우리를 사랑하는 사람들을 통해 서로를 사랑하게 됨으로써 우리의 우정이 풍성해진다는 점을 알았단다. 폴라가 없이는 온전한 내가 아닐 테고, 조 없이는 온전한 샘이 아니겠지. 우정은 까다롭고 부부와 부부 사이의 우정은 특히나 그렇단다. 모두가 '다 성숙한'(미국 남부식으로 말하면 'all growed up') 것이 중요해. 그래서 폴라와 나는 너의 부모님과 친구라는 사실에 특히 감사해. 그 우정이 없이는 우리 삶의 풍요로움이 덜할 테니까.

물론, 우정의 문제점은 그로 인해 우리 삶이 달라질 수 있고 흔히 달라진다는 점이야. 네 아버지가 나와 친구가 된 덕에 네가 이제 미국에서 살게 되었잖니. 이 부분에 대해서는 설명이 필요할 듯하구나. 네 부모님이 듀크 대학교에서 일자리를 잡으신 건 내가 힘을 썼기 때문이 아니야. 그들의 힘으로 한 일이고, 듀크 대학교의 담당자들이 그들의 재능을 알아본 덕분이지. 그러나 몇 년 전 네 아버지가 나를 친구로 받아들이면서 하나의 과정이 시작된 끝에 이제 네가 미국에서 살게 되었다는 말도 맞을 테지. 모든 삶은 우연적이고 우연성은 우정을 가능하게 만드는 '재료'란다. 우정이란 게 뭐겠어? 네 이야기가 없이는 내 이야기를 하고 싶지 않고, 할 수도 없다는 발견 아니겠니? 이제 너도 알 듯하다. 네가 미국에 살게 된 일에 내가 왜 일말의 책임감을 느끼는지, 왜 네가 미국인과 비슷해지는 과정(네가 미국을 흡수하는 일은 피할 수 없어 보이는구나)이 그리스도의 이름으로 너를 친구로 여기는 이들을 통해 늘 점검받기를 바라는지 말이야.

교회에는 성령의 일하심을 통해 가능해진, 시공간을 넘나드는 여러 우정이 있어. 너는 그 성령으로 세례를 받았으니 네 삶이 평생에 걸쳐 발견하게 될 우정의 네트워크로 이루어져 있음을 이제 알게 될 거야. 그런 우정의 네트워크가 미국의 힘을 상대하기에 충분한지 의문이 들기도 할 테지. 분명히 말하지만, 네가 지는 편에 있다는 타당한 생각이 들 때가 온단다. 하지만 절망하지 마. 친구들은 소망의 또 다른 이름이고 너에겐 친구가 많으니까. 우간다 친구들, 에티오피아 친구들, 아일랜드 친구들, 오스트레일리아 친구들, 미국 친구들, 영국 친구들, 가톨릭 친구들, 유대인 친구들, 힘 있는 자리의 친구들, 지적 장애가 있는 친구들, 부유한 친구들, 가난한 친구들. 모든 친구가 네가 덕스러운 선행을 덕답게 행하도록 도와줄 거야.

물론, 네 친구 중에 나도 있으면 좋겠구나. 더 중요하게는 네가 우리의 우정을 통해 네게 있는지도 몰랐던 친구들을 발견하고 기뻐할 수 있다면 좋겠어. 그리스도인에게 우정은 제로섬 게임이 아니야. 우리는 우리의 우정 때문에 다른 이들과의 우정도 가능해진다고 믿는단다. 그래서 나는 미국에 오는 너를 환영해. 이곳에서도 너는 하나님의 친구가 될 테고, 그로 인해 모든 시대와 모든 장소에 속한 하나님의 사람들과 친구가 될 수 있을 테니 말이야.

너의 친구
스탠

인내

~ 세례 4주년 기념일 ○ 2006년 10월 27일 ~

로리에게

네가 노스캐롤라이나 더럼에서 산 지도 1년 정도 지났어. 우리는 서로를 조금 알게 되었단다. 네가 노는 모습과 가족과 친구들, 개와 어울리는 모습을 지켜보는 일이 더없이 즐겁구나. (하지만 네 가족은 고양이도 한 마리 길러야 해.) 너는 참 힘이 넘치더구나. 어린이가 받는 복이지. 나는 굳이 너를 따라잡으려고 애쓰지 않는다. 그것이 일말의 지혜의 증거였으면 좋겠구나. 너를 위한답시고 애써 젊은 체하는 건 잘못이겠지. 그런데 내년 여름이면 내 나이 예순여섯인데도 아직 '어른이 되었다'는 게 뭔지 모르겠구나. 그 의미를 알 때도 되었다는 생각이 자꾸만 드는데, 이 나이가 되어서도 젊었을 때만큼이나 삶을 어떻게 헤쳐 가야 할지 통 모르겠어.

인내 Patience

우리가 같은 도시에 살고 있으니, 너에게 보다 개인적인 편지를 쓸 필요가 있겠지. 너는 여기서 자랄 테고 너나 나나 서로를 알게 되는 일을 피할 수는 없을 거야. 나는 네가 영국에서 살 때 너에게 더 쉽게 편지를 쓸 수 있었단다. 네가 주로 편지를 통해서 나를 알게 될 거라고 생각했으니까. 하지만 이제 너는 나를 제대로 알게 되겠지. 솔직히 말해 그 생각을 하면 좀 겁이 난단다. 전에도 말했지만, 내가 권하는 여러 덕을 내 삶으로 보여 주지 못할 때가 있음을 네가 분명히 알게 될 테니 말이야. 그래서 너에게 매년 편지를 써서 한 가지 덕을 권하는 일이 아무래도 좀 가식처럼 여겨진다. 네 부모님이 나에게 한 요청을 신의를 지키는 차원에서 수행하고 있다는 점을 기억해 주면 좋겠구나.

너의 세례 4주년 기념일에는 인내의 덕을 권하고 싶다. 나는 인내가 그리스도인들에게 중심되는 덕에 속한다고 생각한단다. 그리스인들이나 로마인들은 인내를 그리 중요하게 여기지 않았어. 사실, 그들에게 인내에 해당하는 단어가 따로 있었는지도 분명하지 않아. 물론 그들도 용기나 끈기의 한 측면으로서 인내의 중요성 정도는 파악했을 수도 있지. 그러나 덕에 이름이 있다는 점은 아주 중요하단다. 한 사회는 스스로에 대해 들려주는 기본적 이야기에 의거해서 덕에 이름을 붙이거든. 덕은 사회의 이야기를 필요로 하지. 뒤에서 밝히겠지만, 그리스도인들이 인내를 발견한 일은 우연이 아닌 듯해.

그러나 인내에 대해 말하기 전에, 너에게 최대한 솔직해야겠다. 나에게는 인내의 덕만큼 중요한 덕이 없지만, 네가 앞으로 만날 그 누구 못지않게 나는 조급한 사람이란다. 나는 늘 일을 끝내고 싶어서 조급해하지. 에너지가 많은 사람이라서 아무것도 안 하기보다는 뭐라도 하는 게 늘 낫다고 생각하게 되는구나. 어릴 때부터 그랬어. 부모님이 내게 작은 일거리, 소위 허드렛일을 시키시면 첫 번째 일을 빨리 끝내고 다음 일을 하고 싶었고, 그 일도 빨리 끝내고 싶었지.

그런데 이제 나이가 들고 보니, 나의 조급함이 내가 쉽게 성난 사람이 된다는 사실과 관련이 있어 보인다. 나의 분노에 주목하게 해서 너에게 겁을 주고 싶지는 않아. 나에겐 상당히 온화한 면도 있으니까. 사실 나는 이런저런 일로 화를 낸다기보다는, 아예 '성난 사람'이란다. 나의 분노가 어디서 왔는지는 확실치 않다만, 분노는 내가 하는 모든 일의 연료 같아. 나는 내 분노가 내가 아주 열정적인 사람, 세상을 변화시키고 싶은 열정을 타고난 사람이라는 사실과 모종의 관련이 있다고 생각하고 싶다. 내가 세상을 비판하는 이유는 그렇게 하지 않을 수가 없어서란다. 많은 사람이 나와 함께 있는 자리를 피곤해한다는 점도 충분히 이해할 만해.

대체로 분노는 평판이 안 좋고, 사실 나는 부적절하게 화를 낼 때도 있어. 하지만 나의 조급함이 분노와 관련이 있다면, 이 생각은 분명 내가 앞서 보낸 편지들에서 암시했던 여러 덕을 이해할 실마리를 제공해 준단다. 많은 덕은 열정의 습관화를 필요로 하지. 덕의 역할은 열정을 '통제'하는 데 있기보다는 우리의 욕구가 선을 행할 힘의 원천이 되도록 열정을 다듬는 데 있어. 그러니 분노가 꼭 '나쁜 것'만은 아니야. 사실 정당하게 화를 낼 때도 많아. 하지만 우리가 표현하는 분노의 방향이 올바르려면 인내의 습관으로 다듬어질 필요가 있어.

솔직히 말해서 나는 지금보다 더 인내할 줄 아는 사람으로 만들고도 남았을 만한 습관으로 다듬어지는 행운을 누렸단다. 어릴 때부터 조적공 일을 배웠거든. 벽돌 쌓기를 배우는 데는, 적어도 벽돌을 잘 쌓는 법을 배우는 데는 시간이 걸린단다. 먼저 벽돌 잘 쌓기가 아닌 다른 기술들을 익혀야 해. 바로 조적공 보조 일이야. 회반죽 섞는 법, 벽돌 던지는 법, 비계 짜는 법, 철근 연결법, 기타 셀 수 없이 많은 일을 배워야 했어. 조적 보조 일을 배우는 데는 무한한 인내가 필요해. 조적공이 요구하는 일은 뭐든지 해야 하고, 종종 그들의 요구는 불합리하거든. 하지만 나는 상당히 괜찮은 조적 보조였어.

아버지를 따라 처음으로 현장으로 갔을 때 나는 일곱 살이었고, 열 살 무렵에는 한 사람 몫의 일을 할 수 있었어. 그러나 아버지는 내가 열여섯 살이 될 때까지 벽돌 쌓기를 가르치지 않으셨단다. 장인 기술자였던 불쌍한 아버지는 나 때문에 종종 답답하셨을 거야. 처음에 나는 하루에 벽돌을 최대한 많이 쌓는 일이 더 중요하다고 생각했고, 그러다 보니 때로는 내가 벽돌을 어떻게 쌓는지 제대로 관심을 기울이지 못했어. 결국 나는 상당히 괜찮은 조적공이 되었지. 아버지만큼 벽돌을 아름답게 쌓을 수는 없겠지만 말이야.

벽돌 쌓기를 배우는 일은 인내를 익히는 한 가지 방법일 뿐이란다. 너는 읽기를 배우고 놀이를 하고 수많은 다른 활동을 하면서 인내를 배우게 될 거야. 인내는 시간의 습관이야. 습관에 몸을 입히는 건 시간이기 때문이지. 습관이 제2의 천성이 될 수도 있지만, 습관은 우리의 사람됨을 결정하는 근본 요소임을 기억해야 해. 우리 몸은 습관으로 빚어지기 때문에, 이른 시기부터 잘 빚어져야만 한단다. 예를 들어, 내가 벽돌을 쌓으면서 익힌 습관들은 교사와 신학자로서 내가 하는 일에도 계속 영향을 주지. 나는 열심히 일하고 의도도 좋지만 여전히 서두를 때가 많아. 세상을 변화시키고 싶은 마음과

'내 일'이 내가 이루려는 변화에 중요한 역할을 한다는 오만한 생각 탓이란다.

하지만 앞에서 말했다시피, 내가 조급하긴 하지만 그리스도인으로 사는 법을 배우는 데 인내보다 중요한 덕은 없다고 확신해. 너도 예상할 수 있겠지만 이 확신을 갖는 일이 나에겐 쉽지 않았어. 우리의 삶을 사로잡은 불의 앞에서 인내는 기껏해야 자포자기하는 선택처럼 보였거든. 그러나 그리스도를 따르는 자로서 우리가 비폭력적으로 사는 법을 배워야 하는 이유를 마침내 이해하게 되었을 때, 나는 분쟁 해결의 수단으로서의 폭력 사용을 거부한 사람들이 세상을 견디기 위해 인내의 덕이 꼭 필요하다는 사실을 인정할 수밖에 없었단다.

나는 이 문제를 이렇게 표현한단다. 그리스도인들이 전쟁이 가득한 세상에서 비폭력적으로 살도록 부름을 받은 이유는 비폭력이 전쟁을 없애 줄 전략이라고 믿어서가 아니라고. 다만, 전쟁이 가득한 세상에서 그리스도를 신실하게 따르는 우리는 비폭력 말고 다른 존재 방식을 상상할 수가 없다고. 기독교적 비폭력 때문에 어쩌면 더 폭력적인 세상이 될 수도 있어. 세상은 때때로 허울뿐인 질서를 가리켜 '평화'라고 부르면서 그 실체가 폭로되기를 원하지 않거든. 다시 말해, 세상은 질서 유지의 방법으로 종종 폭력을 정당화한단다. 그러나 허울뿐인 질서는 곧 위장된 폭력일 뿐이야. 그러므로 세상이 휘두르는 폭력에 대한 진정한 대안이 비폭력이라면, 세상이 이 대안에 폭력적으로 반응할 거라고 예상할 수 있지. 하지만 기독교적 비폭력이 그리스도인들이 전쟁의 가능성을 낮추고 싶어 하지 않는다거나, 심지어 전쟁이 없어지기를 원하지 않는다는 의미는 아니야. 전쟁과 폭력이 쉽사리 타도될 거라는 착각에 빠져서는 안 된다고 말하는 것뿐이지.

여러 그리스도인을 포함한 많은 사람이 이런 태도를 무책임하다고 여긴단다. 비폭력에 헌신한다는 일은 악의 공범이 되는 것처럼 보이니까. 하지만 존 하워드 요더(John Howard Yoder)가 주장했듯이, 그리스도인의 비폭력은 복음의 핵심에 해당한단다. 하나님은 진압이라는 방식으로 우리의 반역을 물리치기를 거부하셨고 예수님의 십자가 처형을 통해 그것을 보여 주신다고 우리가 믿기 때문이지. 성자에 대한 성부의 사랑은 우리의 폭력을 폭력적 방식으로 중단시키기를 거부함으로써 우리의 폭력을 압도했어. 인내는 그리스도의 십자가 안에서 실증된 하나님의 관용을 가리키는 단어야. 그리고 우리도 하나님처럼 되어야 해. 요한계시록 13장 9-10절은 우리에게 이렇게 말한단다.

누구든지 귀가 있거든 들을지어다.

사로잡힐 자는

사로잡혀 갈 것이요

칼로 죽이는 자는

마땅히 칼에 죽으리니

성도들의 인내와 믿음이 여기 있느니라.

너의 세례 1주년을 기념하며 보낸 편지에서 골로새서 3장 12-17절을 소개했는데, 거기서 바울은 이렇게 말한단다. "긍휼과 자비와 겸손과 온유와 오래 참음을 옷 입고 누가 누구에게 불만이 있거든 서로 용납하여 피차 용서하되 주께서 너희를 용서하신 것같이 너희도 그리하고 이 모든 것 위에 사랑을 더하라. 이는 온전하게 매는 띠니라." 오래 참음은 덕의 목록 끝에 우연히 나오지 않았어. 인내 없는 사랑은 감상벽(感傷癖)이 되고, 감상벽은 사랑과 달리 모든 덕을 조화롭게 묶을 수가 없거든. 사랑에 인내가 따르는 이유는 우리 삶이 다른 이들과 하나님에게 묶여 있음을 사랑이 말해 주기 때문이란다. 감상벽은 자기중심적이고 이런저런 것에 대한 자기감정만을 묘사해. 예를 들어, 어떤 사람들은 다운증후군 아이들의 낙태를 지지하면서 그것이 '긍휼'이라고 주장하지.

바울이 덕의 목록을 오래 참음으로 마무리하는 것이 의미심장한 이유는 이 구절에서 골로새 교인들에게 서로를 어떻게 대해야 하는지 조언하고 있기 때문이야. 내가 하고 싶은 말은 네가 교회에서 성장할 테고, 또한 교회 구성원들을 보며 답답해할 거라는 점이란다. 너는 내가 그랬듯이 다른 그리스도인들에게 화가 날 수도 있을 거야. 하지만 너는 인내할 줄도 알아야 해. 즉, 용서하고 용서받을 준비를 해야 한다는 뜻이야. 공동체가 교회를 이루는 데는 시간이 걸리거든. 인내로 이루어지는 시간이지. 사람들이 하나님이 원하시는 존재가 되는 데는 시간이 오래 걸리기 때문에 너도 답답할 거야. 하지만 하나님은 우리가 서로에게-스테파니에게도-인내할 수 있도록 세상의 모든 시간을 주셨음을 기억하려무나.

지금쯤 너는 내가 현실 감각을 잃어버리지는 않았는지 의아할지도 모르겠다. 너는 고작 네 살이잖아. 인내는, 적어도 내가 말하려고 한 인내는 다름 아닌 하나님의 마음이고, 아이에게 강요하기에는 너무 무거운 짐처럼 보여. 잘 생각해 보면, 인내는 나처럼 조급한 사람에게도 꽤 무거운 짐이야. 이 사실을 보면 우리 둘 모두에게 덕은 개인적 성취를 위한 권고 사항이 아니야. 사실, 우리가 인내할 수 있게 되는 통로는 다른 이들의 인내하는 사랑뿐이야. 그런 사랑이 지금 너를 둘러싸고 있어서 네가 인내를 습득할 수 있게 만들고 있어.

내가 이 말을 하는 이유는 다른 덕을 다룰 때도 말했지만 인내가 우리 본성에 '이질적'이지 않아서야. 앞서 밝힌 대로 우리는 몸을 입은 피조물이고 인내하도록 창조되었어. 나이가 들어 가면서 너는 너보다 큰 아이들이나 어른들이 하는 많은 일을 하고 싶어질 거야. 그리고 그들이 너무나 손쉽게 하는 일을 네가 할 수 없어서 답답해하겠지. 그들이 가진 능력을 갖추려면 그 일에 필요한 기술과 습관을 연습해서 익혀야 해. 연습은 인내의 또 다른 이름이란다.

네가 익히기를 바라는 인내의 훈련 중 하나는 야구다. 야구는 미국이 문명 세계에 건넨 가장 위대한 선물이지. 야구는 느린 실패의 경기야. 절반만 이기면 아주 잘한다는 칭찬을 받지. 그뿐 아니라 야구 경기는 9회까지 진행되고 야구 시즌도 대단히 길어. 한 경기가 진행되는 동안 흔히 별다른 일이 벌어지지 않는 것처럼 보이지. 물론, 경기를 이해하지 못하는 사람들에게 그렇게 보인다는 말이야. 야구 팬이 되려면 인내를 오랫동안 훈련해야 해. 그래서 이 평화로운 놀이가 얼마나 매력적이고 아름다운지 알아보게 해 줄 습관을 익혀야 하지. 그런데 나는 네가 야구 경기를 관람할 줄 아는 정도보다 더 멀리 나갔으면 한단다. 네가 야구를 **하고** 싶어 하기를 바라

마. 공을 받고 공을 치는 법을 배우는 일은 아주 힘들지만 배우고 나면 행복감을 안겨 줄 거야.

야구가 위대한 미국 스포츠라는 사실은 미국에도 소망이 있음을 보여 준다. 미국인들은 속도에 자부심을 갖지만 속도는 흔히 폭력의 또 다른 이름일 뿐이야. 내가 앞서 보낸 편지들 일부에서 말한 것처럼, 미국은 아주 폭력적인 나라란다. 우리의 폭력성은 우리의 조급함과 관련이 많지. 그러나 우리에게는 전쟁의 대안인 야구가 있어. 내가 좋아하는 소설 『브라더스 K』(*The Brothers K*)에서 데이비드 제임스 덩컨(David James Duncan)이 나와 같은 생각을 털어놓더구나.

G. Q. 더럼이 프로 야구가 본질적으로 전쟁을 반대한다고 하는 주장을 들은 적이 있는데, 나 역시 그 이론이 옳다고 생각한다. 그 이론에 따르면, 가장 많이 간과된 전쟁의 원인은 빌어먹을 흥미진진함이다. 평화의 시기가 꾸준히 흥미로우려면 힘든 노력과 기술, 사랑과 약간의 운이 필요하다. 전쟁을 흥미롭게 만드는 핵심은 바로 생명이다. 자기는 죽지 않으면서 다른 사람을 죽이려는 시도의 매력은, 평화시라면 그지없이 단조롭게 살아갈 사람들의 손 안에 긴장과 공포, 명예, 수치, 분노, 비극, 배신 그리고 가끔은 영웅적 행위

까지 가져다준다는 데 있다. 그런데 야구는 전쟁처럼 국가적 수준에서 긴장과 흥분을 만들어 내는 한 가지 활동이다. 그리고 평화로울 때만 할 수 있다. 프로 야구 선수들은 평화를 좀더 흥미진진하게 만듦으로써 전쟁을 막고자 솜씨 좋게 열심히 일하며 보기 드물게 손발이 잘 맞는 사람들의 무리라는 G. Q.의 명제는 이렇게 해서 나왔다.

네 아버지는 아마 크리켓이라는 경기가 야구보다 더 훌륭한 평화의 경기라고 주장하겠지만, 너는 야구가 훨씬 더 강력하다는 사실을 알게 될 거야. 적어도 한 가지는 약속하마. 네가 평화의 습관을 야구에서 배울 수 있게 야구장에 데려갈게. 야구 관람은 비폭력의 인내가 이상이 아니라 우리의 일상생활을 떠받치는 훈련과 습관의 정중앙에 자리 잡고 있음을 기억나게 하지. 앞에서 말한 것처럼, 우리가 인내를 배우게 하려고 우리에게 몸이 주어졌단다.

이 사실을 내가 예리하게 인식하는 이유는 이 편지 첫머리에서 말한 대로 내가 나이가 들고 있어서야. 나는 옛날에 하던 대로 이제 할 수가 없어. 그래도 여전히 야구 경기에서 직접 뛸 수 없을까 기웃거리곤 해. 교회 소프트볼 팀에서는 뛰어보려고 하고 있지. 이런 과정을 거치면서 나 자신에게 인내하는 법을 배우는 중인데 쉽지가 않구나. 그래서 네가 도와주면 좋겠다. 우리가 함께 더 나이 들수록, 내가 인내하는 법을 배울 수 있게 말이야. 네가 도와줄 거라고 생각해. 나는 너와 함께 있는 법을 배워야 할 테니 말이야. 나는 어린아이와 같이 있는 데 익숙하지 않거든. 하지만 나는 어린이가 우리 삶의 속도를 늦추게 하시고자 하나님이 보내시는 선물임을 안단다. 우리가 서로에게 인내하는 법을 배울 날을 고대하며.

조급한 너의 대부
스탠

소망

～ 세례 5주년 기념일 ○ 2007년 10월 27일 ～

로리에게

나는 예순일곱 살이지만 너는 겨우 다섯 살이구나. 너에게 죽음에 대해 써도 될까? 내게는 죽음이 더 이상 이론적 가능성이 아니지만 너에겐 완전히 남의 이야기지. 그렇게 되어야 마땅해. 그래도 나는 지금 소망의 덕을 권하는 편지를 쓰고 있고, 소망을 말하려면 죽음이라는 주제를 피할 수가 없구나.

내가 처음 죽음을 만났을 때 지금 너와 비슷한 나이였던 듯해. 우리 가족은 텍사스주 플레전트마운드의 고전적 감리 교회에 다녔지. '고전적'이라는 말은 하얀 벽채에 나지막한 첨탑이 세워진 교회라는 뜻이야. 교인들은 농사를 짓거나 장사를 하는 등 열심히 일해서 사는 분들이었어. 러셀 형제가 우리 목사님이었는데, 순회 설교자여서 지역 내 여러 교회를 섬기셨지. 그래서 두 주에 한 번밖에 교회에 못 오셨어. 남자 어른들은 예배 전에 늘 밖에 모여서 마지막 담배를 피우고 느지막이 예배당에 들어갔어. 하지만 예배 안내자를 맡은 경우에는 달랐어. 안내자가 되는 일은 대단히 명예롭게 보였고 제시간에 와야 했어. 매주 모든 교인이 회중석의 '자기 자리'에 앉아 예배를 드렸단다.

교인 중에 노인이 한 분 계셨는데, 어른들은 아이들에게 그분을 '해거드 아빠'라고 부르라고 했어. 연세를 정확히 모르겠는데 아흔 살쯤 되셨을 거야. 그분은 귀가 잘 안 들렸기 때문에 늘 앞자리에 앉으셨어. 러셀 형제가 설교를 시작하면 해거드 아빠는 설교를 더 잘 들으려고 보청기의 수신기를 멀찍이 잡고 있었지. 플레전트마운드의 모든 아이는 해거드 아빠를 사랑해야 한다는 말을 들었어. 그분이 우리를 사랑하시기 때문이라고 했지. 우리를 사랑하기는커녕 우리에게 일말의 관심조차 없는 듯 보였지만, 우리가 그분을 사랑해야 한다는 말은 신조 같았단다.

그러던 어느 날, 예상할 수 있겠지만 해거드 아빠가 돌아가셨어. 나는 그분의 별세 소식을 듣고도 장례식장에 갈 때까지는 별다른 느낌이 없었어. 뜨거운 여름날이었지. 아버지와 함께 앉아 있었던 기억이 나는데, 그 더운 날씨에도 아버지는 정장 차림이었어. 장례식 자리가 딱히 힘들지는 않았어. 아무리 지루해도 조용히 있으라는 말을 듣는 여느 예배와 다를 바가 없었지. 어느 순간 온 교인이 마지막으로 해거드 아빠를 보려고 줄을 섰어. 그분은 '이것을 행하여 나를 기념하라'는 문구가 새겨진 성찬대 앞의 관 안에 누워 계셨단다.

부모님도 줄을 서셨지. 우리가 관에 가까이 다가가자, 아버지가 갑자기 나를 들어 올려 관 속에 누인 해거드 아빠의 죽은 몸을 볼 수 있었단다. 하지만 나는 보고 싶지 않았어. 죽음을 보고 싶지 않았거든. 그 모습을 보면 나 역시 언젠가 죽게 된다는 사실을 깨달아 버릴 테니까. 그 순간, 삶의 기본이 되는 사실 하나가 어린 나의 의식에 새겨졌어. 관 앞에 갔을 때, 나는 해거드 아빠를 보지 않을 수가 없었단다. 그분의 얼굴이 전에 없이 좋아 보여서 깜짝 놀랐어. 장의사가 화장을 아주 잘해서 생전보다 훨씬 혈색이 좋아 보였던 거야. 그분의 가슴에 둘러진 빨간 띠에는 금박으로 이렇게 찍혀 있었단다. '영원은 지금이다.' 이것이 죽음에 대한 나의 첫 번째 기억이야.

이 이야기를 너에게 들려줘야겠다고 생각한 이유를 잘 모르겠구나. 이 편지를 쓰는 내가 어떤 사람인지 내 방식대로 알려 주고 싶었나 봐. '텍사스 사람'으로 자라는 것이 내게 어떤 의미였는지 네가 알고 있다고 기대하지는 않지만, 이런 이야기를 통해 그 세계를 살짝 엿보게 해 주고 싶기는 하구나. 나는 거칠지만 아름다운 그 세계를 이루었던 사람들을 사랑했고 그들의 사랑을 받았거든. '플레전트마운드'(쾌적한 언덕)라는 교회 이름을 생각해 보렴. 주위 환경이 어땠기에 나무가 약간 있는 별 볼 일 없는 언덕에 그런 거창한 이름을 붙였을까? 내가 자라난 작은 마을을 사람들은 왜 '플레전트그로브'(쾌적한 숲)라고 불렀을까? 답은 간단해. 나무들이 자그마한 텍사스에서는 그런 나무가 몇 그루 모여 있어서 햇볕을 잠시 피할 수만 있어도 '쾌적하게' 느껴졌던 거야. 녹지가 가득한 영국에서 자란 사람들은 두 곳 모두 쾌적함과는 거리가 멀다고 느끼겠지.

네게 소망의 덕을 권하려고 편지를 쓰고 있다는 사실을 내가 잊었다고 생각할 수도 있겠구나. 하지만 소망은 우리가 하는 이야기에 근거한단다. 특히 내가 너에게 권하고 싶은 소망, 곧 그리스도인으로서 우리가 품어야 하는 소망은 예수 그리스도의 죽음에 대한 이야기에서 배울 수 있어. 그리스도인인 우리는 예수님의 죽음이 우리가 우리 자신의 죽음을 바라보는 방식과 긴밀히 이어져 있다고 믿는단다. 바울은 로마 교인들에게 보낸 편지에서 이렇게 적었어.

그러므로 우리가 믿음으로 의롭다 하심을 받았으니 우리 주 예수 그리스도로 말미암아 하나님과 화평을 누리자. 또한 그[그리스도]로 말미암아 우리가 믿음으로 서 있는 이 은혜에 들어감을 얻었으며 하나님의 영광을 바라고 즐거워하느니라. 다만 이뿐 아니라 우리가 환난 중에도 즐거워하나니 이는 환난은 인내를, 인내는 연단을, 연단은 소망을 이루는 줄 앎이로다. 소망이 우리를 부끄럽게 하지 아니함은 우리에게 주신 성령으로 말미암아 하나님의 사랑이 우리 마음에 부은 바 됨이니. (롬 5:1-5)

다섯 살배기에게 권하기엔 엄청난 이야기지. 하지만 너도 이 이야기가 진리임을 발견하게 될 거라 믿는다. 하나님이 우리를 소망의 피조물로 창조하셨으니 말이야. 우리 그리스도인들이 창조와 구원의 이야기에 붙인 이름이 '종말론'이란다. 존 하워드 요더에 따르면, 종말론은 소망을 이야기해. "이 소망은 현재의 좌절을 거부하고, 현재에 의미를 부여하는 보이지 않는 목표를 중심으로 우리의 위치를 규정한다." 바울은 이를 두고 복음의 위대한 좋은 소식이라고 말했어. 그 핵심은 우리가 하나님의 구원이라는 거대한 이야기에 포함되었다는 거야. 그래서 바울은 우리가 하나님의 영광에 참여하기를 바랄 수 있다고 말하지. 그리스도의 죽음과 부활의 이야기는 우리에게 소망을 주고, 소망은 우리가 그 이야기 속으로 들어가 사는 데 필요한 덕 중 하나란다.

이 모든 이야기가 상당히 '추상적'이거나 '비현실적'으로 들릴 수 있지만 우리 삶은 소망으로 활기를 얻는단다. 우리는 소망 없이는 말 그대로 살 수가 없어. 소망이 종종 가장 중요한 덕의 목록에 포함되는 이유가 이 때문일 수도 있단다. 많은 사람은 내가 지난 편지들에서 권한 덕―자비, 진실함, 우정, 인내―보다 소망을 더 중요하게 여길 거야. 이상하게도 이런 덕들은 사추덕에도 들어가지 않고 신학적 덕에도 들어가지 않는단다.

지혜(실천이성), 용기, 절제, 정의, 이 네 가지를 흔히 사추덕(四樞德)이라고 불러. 다른 모든 덕이 여기에 의존한다는 의미에서 주요한 덕이라고 보고 이런 이름을 붙였지. 사추덕은 '자연적 덕'이라고도 불리는데, 인간으로 존재하기 위한 필수 덕이라고 많은 사람이 생각했기 때문이야. 신학적 덕은 믿음, 소망, 사랑이야. 이것들은 성령의 역사로 가능해지기 때문에 우리가 자연적으로 구할 수 있는 것은 아니라고 보았지.

하지만 나는 덕을 이런 식으로 나눈다는 점이 늘 불만이었단다. 자연적 덕과 신학적 덕을 대비시키면 신학적 덕들이

'자연스럽지' 않다는 의미가 될 수 있거든. 하지만 어떻게 그럴 수 있겠니? 내가 먼저 보낸 편지들에서 설명하려 한 대로, 덕은 우리가 하나님이 창조하신 뜻에 합당한 존재가 되는 데 필요한 습관들을 말해. 앞에서 말한 일곱 가지 덕을 가장 중요한 덕의 목록과 동일시하는 것은 오해의 소지가 상당해. 내가 편지에서 '자비'를 처음 다룬 이유 중 하나는 많은 사람이 '중요하지' 않다고 생각하는 일부 덕이 우리가 잘 사는 데 결정적 요소가 된다는 이야기를 너에게 하고 싶어서였단다. 모든 덕이 서로 이어져 있다는 점도 기억해야 해. 예를 들어, 자비가 결핍된 상태면 제대로 용기를 낼 수가 없어. 인내 없는 소망은 유토피아적 환상으로 우리를 유혹할 수 있지.

물론 내가 자비, 진실함, 우정, 인내로 시작한 이유는 네 나이와 관련이 있는 덕을 먼저 설명하고 싶었기 때문이기도 해. 그런 상관관계가 인위적일 수도 있지만, 나는 덕이 필요에 대한 반응이고 그 과정에서 우리가 기르는 능력이라고 생각한다. 이제 드디어 내가 너의 세례 5주년 기념일에 권하는 덕으로 소망을 선택한 이유 앞에 서게 되었구나. 나는 소망이 가장 '자연스러운' 덕이라고 말하고 싶다. 앞에서 말했다시피, 소망이 없이는 살 수 없으니 말이야. 무슨 말인지 설명해 보마.

너는 다섯 살이야. 바꿔 말하면 너는 에너지가 넘치지. 그리고 에너지는 소망의 원동력이야. 너에겐 기찻길 장난감을 매일 다른 모양으로 조립할 에너지가 있어. 이게 바로 소망이야. 체스터턴(G. K. Chesterton)은 세상을 무한한 에너지로 채워진 곳으로 보게 된 경위를 설명했는데, 나는 그 설명이 언제나 좋았단다. 그는 우리 시대에 "우뚝 솟은 유물론"을 옹호하는 이들이 세상이 시계 같은 기계 장치와 닮았다고 생각한다는 사실을 알게 되었어. 이와 같이 세상을 기계론적으로 바라보는 이들은 우주가 인격적인 무엇이라면 매 순간 모습이 달라질 거라고 생각한단다. 그런 우주라면 반복도 없고 믿을 만한 예측 가능성도 없을 거라는 말이야. 그러나 체스터턴은 그런 생각을 다음과 같이 반박해.

해가 규칙적으로 떠오르는 이유는 떠오르는 일이 결코 지겹지 않아서라고 할 수 있을 것이다. 해의 일과가 계속 이어지는 이유는 생명력이 없어서가 아니라 생명이 용솟음치기 때문이다. 아이가 특별히 재미있는 놀이나 웃음거리를 접했을 때 바로 이런 특징이 나타난다. 그럴 때 아이는 두 다리를 리듬을 타며 구르는데, 그것은 생명력이 없어서가 아니라 차고 넘쳐서 하는 행동이다. 어린이들은 생명력이 충만하고 그 마음이 열정적이고 스스럼없기 때문에, 맘에 드는 일들이 계속 되풀이되기를 원한다. 아이들은 언제나 "또 해 줘요"라고 말하고, 어른은 그 말대로 하고 또 하다가 지겨워 죽을 지경이 된다. 어른들은 단조로움을 크게 기뻐할 만큼 강하지 않기 때문이다. 그러나 하나님은 단조로움을 매우 기뻐하실 정도로 강하신 듯하다. 그래서 아침마다 해를 향해 "또 해 봐" 하고 말씀하실 수 있다. 물론 저녁마다 달에게 "또 해 봐" 하고 말씀하시는 것도 마찬가지다. 모든 데이지 꽃이 서로 빼닮은 이유는 기계적 필연성 때문이 아닐 것이다. 하나님이 각 데이지 꽃을 따로따로 만드시지만 그 작업을 결코 지겨워하지 않으셔서 그럴 것이다.

체스터턴은 언제나 세상을 마법적이라고 보았는데 과학의 이름으로 이런 견해를 넘어서도록 교육을 받았어. 하지만 그는 동화를 통해 이 세상이 소망으로 이루어진 마법적인 곳임을 다시 알아볼 수 있게 되었지. 만약 우리가 마법 세상에 살고 있다면, 그것은 분명 마법사가 존재하기 때문일 거야. 마법사가 존재한다면 세상에는 분명히 어떤 목적이 있어. 목적이 있다면 소망을 품는 사람이 되어야 이치에 맞겠지. 그렇다면 소망은 우리가 살아가는 세상이 이야기를 갖고 있다는 사실을 알아볼 수 있게 해 주는 덕인 거야. 그리고 이야기가 존재한다면 이야기꾼도 존재하겠지. 이야기꾼이신 하나님은 데이지 꽃 하나하나의 아름다움에서 발견되는 창조의 이야기 안으로 우리를 끌어들이심으로써 소망을 주신단다.

체스터턴은 소망과 상상력이 본질적 관계로 이어져 있음을 깨닫게 도와주지. 우리는 소망을 품은 피조물이기에, 세상의 지금 모습이 필연적인 모습이 아닐 거라고 상상할 수 있어. 소망이 있기에 우리는 우리 삶을 어렵게 만드는 세상에 변화를 요구할 수 있지. 소망이 없다면 존재 자체를 상상도 못했을 좋은 것들을 갖고 싶다고 바랄 수도 있고 말이야. 예를 들어, 세상에서 전쟁이 사라지기를 바랄 수 있잖니. 우리가 이렇게 할 수 있는 이유는 그리스도를 통해 이 세상에서 이미 전쟁이 없어졌다고 믿기 때문이야.

이 지점에서 우리는 상상과 환상을 구분해야 한단다. 이 말은 매우 중요해. 우리가 품은 많은 소망이 좌절될 때, 하나님의 선한 창조의 마법으로 제어되지 않는 욕망을 세상에 강제하고 싶은 유혹을 받을 수 있기 때문이야. 그래서 우리의 소망은 하나님의 이야기로 훈련받아야 하고, 그런 훈련에서는 언어의 역할이 매우 중요해. 무슨 말인가 하면, 우리 삶을 빚어내야 할 소망은 참된 이야기로 정해져야 하고, 우리는 그 이야기를 통해 바른 것을 바르게 원하는 법을 배운다는 뜻이야. 덕에 이름을 붙여야 '소망'이나 '사랑' 같은 특성들을 습관화하는 데 필요한 인식이 가능해진단다.

사람들은 많은 경우 낙관주의와 소망을 혼동하지. 낙관주의는 내 삶에 대해 할 수 있는 일이 별로 없기 때문에, 기본적으로 맘에 안 드는 삶을 최대한 활용하기 위한 헛된 시도를 통해 그나마 '낙관적일' 수는 있다고 생각하는 전반적 태도를 말해. 흥미로운 반응이지. 우리 문화를 소망보다 낙관주의가 결정하는 듯해서 염려가 되는구나. 그래서 많은 사람이 낙관주의가 성과를 낼 수 있다는 망상에 빠지지 않으려고 냉소적 태도를 동원해. 냉소적 태도는 자신이 소망을 안겨 주는 이야기의 일부라고 더 이상 믿지 않는 사람들 사이에서 떠도는 절망의 표현이야.

소망은 낙관주의와 달리 우리가 인내를 제대로 배우면 소망을 주는 이야기의 일부가 되는 어려운 일이 가능하다고 믿는 습관이란다. 어려움에 직면할 때 낙관적인 사람은 할 수 있는 일이 없다고 생각하고 절망하지. 하지만 소망을 품은 사람은 즉흥적 대처 능력을 배워서 창의적인 방식으로 어려움에 맞선단다. 즉흥적 대처 능력을 키우려면, 계속 나아갈 길이 있는지 분명하지 않을 때도 계속 나아가는 법을 배웠던 선조들의 이야기에 주목함으로써 소망의 기술을 배워야 해. 이스라엘과 유대인들의 이야기는 통제할 수 없는 세상에서 살아가는 법을 다시 배우는 그리스도인들에게 특히 중요하단다. 물론, 우리가 세상을 통제하고 있다는 생각은 줄곧 망상이었어. 그 망상이 깨진 시대에 사는 우리는 행운아라고 할 수 있지. 그러니까 그리스도인으로 살아남으려면 이제라도 서로를 필요로 하는 법을 배워야 해.

우리에게 서로가 필요한 이유는 혼자서는 소망을 품을 수 없기 때문이야. 우리는 다른 사람들을 신뢰함으로써 소망을 품는 법을 배우는데, 그들도 같은 방식으로 소망을 배웠지. 낙관주의는 다른 이들에게서 스스로를 분리시키는 이들의 태도인 반면, 소망의 덕을 지닌 이들은 자신이 다른 사람들을 필요로 하는 상황을 기쁘게 여긴단다. 상상은 소망을 붙들어 주고 소망을 가능하게 하며 나에게 다른 사람들이 필요하다는 사실을 종종 발견하게 해. 친구들이 내 삶에 가져다주는 풍부한 가능성은 혼자서는 상상도 할 수 없던 것들이지.

에너지가 넘치는 너는 소망을 품을 수밖에 없을 듯하다. 네가 품는 소망들은 새로운 소망을 붙들도록 더 큰 에너지를 제공할 거야. 이 말은 네 삶을 구성하기 시작한 소망이, 삶이 곧 여행임을 이해하도록 이끌어 줄 거라는 뜻이란다. 사실, 소망은 삶을 멋진 여행이라고 여기는 덕의 이름이고, 그 멋진 여행을 통해 우리는 자신과 타인에게 많은 것을 요구할 줄 알게 돼. 그런 여행에 나서기 위해서는 다른 모든 덕, 그중에서도 특히 인내와 용기가 필요할 거야. 소망을 품은 사람은 자신이 속한 세상이 더 나아지기를 원하게 되거든. 세상에서 전쟁이 없어지기를 너도 원한다면 좋겠구나. 그러나 이런 나의 소망이 환상 이상의 것이 되려면 너는 인내하고 용감해지고 상상력을 발휘해야 할 거야.

하나님 나라는 우리 그리스도인들이 소망에 이끌려 떠나는 여행에 붙인 이름이란다. 그곳은 하나님이 창조하신 일체의 선을 갈망하도록 배우는 소망의 나라지. 그 평화의 나라에서 우리는 우리 삶을 사로잡는 폭력이 많은 경우 절망의 결과임을 알게 되고, 자기를 제일 중요한 존재로 아는 환상이 그 절망을 부채질했음을 깨닫게 돼. 절망 속에 사는 사람들이 배우는 유일한 절망 상대법은 죽음의 실재성을 부인하거나 자기가 살기 위해 다른 사람들을 죽게 만드는 것뿐이야. 절망의 세상에서 소망을 품고 사는 사람인 너는 환난을 겪겠지만, 성경이 알려 주는 대로 환난을 통해 인내할 줄 알게 될 테고, 인내는 연단된 성품을 낳고, 연단된 성품은 소망을 낳는단다.

너는 세례를 통해 예수님의 생애와 죽음과 부활 안으로 들어섰어. 세례를 통해 죽음을 무릎 꿇린 백성의 일원이 되었고, 이제 죽음은 더 이상 그들의 사는 방식을 지배하지 못해. 죽음은 소망을 이길 수 없단다. 네가 세례를 받고 그 일부가 된 이야기가 사실이 아니라면, 네가 세례를 받고 참여하게 된 소망은 잔인한 습관에 불과하고, 그 습관을 따르면 결국 좌절과 절망의 삶에 이르고 말 뿐이겠지. 그러나 그 이야기는 참이고, 그렇기에 네 삶에서 고동치는 에너지는 경이롭고 소망에 찬 삶으로 너를 부르고 있어. 알고 보면 영원은 바로 지금이거든.

그리스도께서 가능하게 만드신 소망 안에서
스탠

정의

∽ 세례 6주년 기념일 ○ 2008년 10월 27일 ∽

로리에게

너는 미국 남부에서 자라고 있지. 신화적 땅 '남부'는 하나의 이야기로 뭉쳐진 곳이란다. '신화적'이라는 말은 남부가 존재하지 않는다는 뜻이 아니라, '남부'를 규정하는 이야기가 사실과 잘 맞지 않는다는 뜻이야. 이 이야기에는 전쟁이 등장하고 불리한 여건에서도 의문스럽지만 명예로운 삶의 방식을 보존하려고 싸운 사람들이 등장한단다. 그들의 명예로운 마음을 어지럽힌 문제는 노예제였어.

너의 세례 6주년 기념일에 내가 권하고 싶은 덕, 정의는 노예제의 종언을 요구했지. 노예제를 끝내기 위해 '남부'와 '북부'는 끔찍하고 무시무시한 전쟁을 치렀어. 전쟁의 이유는 정의의 이름으로 노예제를 끝내려는 시도보다 더 복잡할 수 있지만, 노예제가 존재하지 않았다면 전쟁이 없었을 거라는 점에는 의심의 여지가 없구나. 보다 정의로운 사회를 원한다면 그런 사회를 만드는 과정에서 누군가를 죽여야 할 수도 있다는 가능성을 많은 사람이 당연한 것으로 받아들인단다. 그러나 나는 정의를 사랑하는 사람들—네가 그중 한 사람이기를 기도한다—은 전쟁을 하지 않고, 할 수도 없다는 사실을 네가 발견하도록 돕고 싶구나.

정의는 '무거운' 덕처럼 보인다. 정의라고 하면 흔히 나이 들고 심각한 사람들, 그중에서도 남자들이 아주 중요한 결정을 내리는 장면이 떠오르지. 그런 결정의 상황에서 정의가 실현되려면 누군가가 고통을 겪어야 해. 이런 정의관은 라인홀드 니버(Reinhold Niebuhr)가 호소력 있게 제시한 대로, 이익 집단 사이에서 최대한 공정한 힘의 균형을 확보하는 일이 종종 우리가 할 수 있는 최선이라고 본단다.

이렇게 이해된 정의는 미국에 사는 이들에게 특히 설득력을 가지지. 미국 사회 질서의 토대가 되는 생각에 따르면, 정치 제도의 과제는 죽음에 대한 두려움 외에는 공통점이 별로 없는 사람들 사이에서 합의를 이끌어 내는 거야. 그렇기 때문에 사회를 정의롭게 만드는 국민이 없어도 정의로운 사회가 가능하다고 생각하는 미국인이 많아. 사람들이 정의로울 거라고 믿을 수 없다는 것이 다수의 생각이다 보니, 정의는 집행할 수 있고 집행해야 하는 절차적 규칙과 동일시되는 거지.

이런 정의관은 정의로운 사람이 된다는 말의 의미를 제대로 보여 주지 못해. 모든 정의 이론에서 법이 중요하지만, 정의는 무엇보다 하나의 덕이야. 정의로운 사람이 되려면 건전한 판단력을 갖춰야 해. 판단은 우리 자신과 다른 사람들을 진실하게 보고자 하는 꾸준한 마음을 가리키지. 그렇게 진실하게 보면 우리 자신과 이웃의 영혼의 왜소함이 드러나서 거부감과 혐오감이 들 수도 있어. 그렇기 때문에 정의의 한복판에는 사랑이 있어야 한단다. 그래서 우리가 용서받았고 용서할 수 있다는 사실을 받아들일 수 있어야 해.

'이건 여섯 살배기에게 늘어놓기에 너무 심각한 주제'라는 생각이 들겠지. 맞아. 그러고 보면 성장도 상당히 심각한 주제야. 자란다는 건 판단하고 판단받는 법을 배워야 한다는 뜻이니까. 즉, 너는 지혜로워져야 해. 지혜가 생기면 차이를 알아보고 누릴 줄 알게 되거든. 너와 네 여동생 스테파니만큼이나 작고도 큰 차이들 말이지. 이것이 지혜의 시작이야.

인간으로 살기 위해서는, 그러니까 아들, 오빠, 친구, 미국 남부 사람으로 살기 위해서는 정의로워지는 데 필요한 습관을 반드시 익혀야 해. 그러나 인간으로 살다 보면 불의의 습관도 반드시 익히게 되지. 다시 말해, 우리는 불의를 습관화하게 돼. 그 이유는 불의가 '자연스러운 상태'라고 생각하기 때문이야. 우리는 멈춰서 '이것이 정의로운가?'라고 묻지 않음으로써 불의가 습관으로 자리 잡게 만든단다.

나는 미국 남부 사람이야. 백인을 위한 음수대와 아프리카계 미국인을 위한 음수대가 따로 있다고 생각하며 자랐지. 당연히 백인은 백인 학교에, 흑인은 흑인 학교에 다녀야 한다고 생각했어. 백인은 백인과, 흑인은 흑인과 결혼하는 것도 당연했어. 우리 집은 부자가 아니었지만 우리 집을 방문하는 흑인은 먼저 정문을 노크한 다음 뒷문으로 들어와야 한다고 생각했어. 이런 조건이 불의하다는 의식은 전혀 없었단다. **내가** 불의할 수도 있다는 생각도 전혀 하지 않았어. 왜냐하면 이 조건들이 '자연스러운 상태'라고 생각했거든.

그래서 정의는 세상을 보는 방식인 거야. 정의롭게 생각하려면 세상을 있는 그대로 보기 위한 훈련을 기꺼이 받아들일 의향이 있어야 해. 어떤 이들은 이 훈련이 그저 일정한 규칙을 배우는 것이라고 생각하지. 경기 규칙을 배우는 것과 비슷하다고 보는 거야. 그들은 모두가 경기 규칙을 지키면 만사가 순조롭게 진행될 수 있다고 여겨. 그러나 삶은 경기가 아니기 때문에 그런 식으로는 일이 풀리지 않는단다. 도움이 되는 규칙들도 있지만, 한때 도움이 되었던 규칙들이 시간이 지나면서 불의를 떠받치는 데 쓰이기도 해. 예를 들어, 모든 사람을 '똑같이' 대하는 것은 심각한 불의를 낳을 수 있단다. 정의는 차이가 만들어 내는 차이를 있는 그대로 알아보는 능력을 요구해.

우리는 예수님의 십자가와 부활로 구속된 세상을 보는 법을 익혀야 해. 예수님은 하나님의 정의란다. 교회는 세상의 정의가 되어야 해. 그렇지 않으면 우리 삶이 불의의 습관으로 이루어져 있음을 우리가 어떻게 알 수 있겠니? 예를 들어, 성찬식에서 모든 교인이 같은 잔으로 마신다면, 백인을 위한 음수대와 흑인을 위한 음수대가 따로 필요하다는 생각을 어떻게 할 수 있을까?

내가 참 좋아하는 시를 한 편 소개하마. 제라드 맨리 홉킨스(Gerard Manley Hopkins)의 "물총새에 불이 붙듯"이라는 시야.

물총새에 불이 붙듯, 잠자리 날개가 불꽃을 그리듯,
우물 안으로 굴러든 돌이 울리고
퉁긴 현마다 다른 소리를 내고, 종을 치면
소리를 내어 제 이름을 널리 떨치듯
죽을 존재는 저마다 한 가지 같은 일을 한다.
자기 안에 거주하는 존재를 끄집어낸다.

자아가 직접 나선다. '나'라고 말하고 쓴다.
'내가 하는 일이 나다. 이것을 위해 내가 왔다'고 외친다.

할 말이 더 있다. 정의로운 분이 정의롭게 행하시고
은혜를 지키신다는 것. 그래서 그분의 모든 행위가 은혜로
   우시다는 것.
하나님이 보실 때 행함과 존재가 일치하는 그분은
그리스도. 그리스도께서는 수만 곳에서 노니시되
다른 이들의 아름다운 손발과 아름다운 눈을 쓰고
사람들의 얼굴을 통해 성부 앞에서 노니시니.

"정의로운 분이 정의롭게 행하시고"는 내가 너에게 정의의 덕을 권하며 말하려 한 바를 온전히 표현한 구절이고 그 이상의 의미도 담겨 있단다. 홉킨스는 그리스도가 정의시라는 사실도 상기시키지. 세상의 정의관은 눈에는 눈으로 갚으라는 거고, 그것을 따르려면 우리 모두 죽어야 마땅해. 그러나 하나님은 그런 규칙에 따라 행하지 않으신단다. 하나님이 정의시고, 우리는 하나님을 바라봄으로써만 정의가 어떤 것인지 알 수 있어. 하나님이 예수 그리스도 안에서 우리 중 하나가 되신 이유는 우리가 서로와 세상에 대해 그분의 정의가 되는 법

을 배우게 하기 위해서야. 그 정의, 하나님의 사랑에서 태어난 정의는 우리를 상상 이상의 존재로 만들어 우리 한계를 넘어 흘러가지.

사랑에서 태어난 정의는 불의한 자들을 정의롭고 은혜롭게 대할 것을 요구한단다. 그것이 정의롭게 사는 데 있어서 가장 어려운 문제임을 너도 나처럼 발견하게 될 거다. 그러나 우리는 하나님이 바로 그렇게 우리를 대하셨고 우리가 가장 심각한 원수인 우리 자신과 평화롭게 살 수 있게 하셨음을 기억해야 해. 그러므로 평화를 원한다면 먼저 세상을 더 정의롭게 만들려고 노력해야 하고 세상을 더 정의롭게 만들려면 살인도 감수해야 한다는 말은 사실이 아니야. 정의의 이름으로 살인을 저지르는 정의라면 그것은 하나님의 정의일 수 없단다.

하지만 정의의 이름으로 이루어지는 폭력과, 예수님 그 자체인 정의를 네가 혼동할 것 같지는 않구나. 너는 훨씬 더 일상적인 도전에 직면할 거야. 이 편지 첫머리에서 내가 '남부'에 대해 말했지. 네가 지금 남부에서 지내고 있고 내가 남부 사람이라서 그렇단다. 내 삶을 사로잡았던 인종 차별은 형태가 좀더 교묘해졌을 뿐, 너의 습관에도 영향을 미칠 거야. 인종 차별에 담긴 불의를 알아보려면 도움이 필요할 거야. 나도 그 부분에서 도움이 필요했고 지금도 여전히 그렇단다.

우리는 어떻게든 자신을 좋게 보려고 하는 피조물이야. 그래서 우리가 종종 정의롭지 못하다는 사실을 인정하지 않지. 일상을 이루고 있는 불의의 방식들이 드러나는 것도 원하지 않고. 그래서 어떤 이들은 믿을 수 없을 만큼 부유하고 어떤 이들은 극빈한 상황을 그저 '복불복'이라고 여기고 싶어 한단다. 너무나 절박한 외침을 앞에 놓고도 우리는 할 수 있는 일이 없다고 생각하는 것 같아. 그리고 아무것도 하고 싶지 않은 유혹을 느끼지.

하지만 그리스도의 정의는 네가 그런 유혹에 저항하도록 도와줄 거야. 그리스도의 정의는 '사람들의 얼굴'을 통해 드러난다는 점을 기억하렴. 너는 불의 때문에 일그러진 얼굴을 보고 불의를 알아보게 될 거야. 정의롭기 위해서는 고통받는 이들의 얼굴을 볼 때 고개를 돌리지 말아야 할 거야. 정의롭기 위해서는 고통받는 이들**을 위해 무엇인가 하기**보다는 그들**과 함께하는** 법을 배워야 해. 정의롭기 위해서는 그리스도께서 노니시는 수만 곳을 보는 법을 배워야 해. 그리고 거기서 그리스도와 함께 노니는 법을 배워야 하지.

사랑한다
스탠

용기

~ 세례 7주년 기념일 · 2009년 10월 27일 ~

로리에게

지난번 편지를 쓴 이후 세상이 바뀌었구나. 경제는 엉망진창이 되었고, 미국인들은 변화를 바라며 아프리카계 미국인을 대통령으로 뽑았지. 물론, 많은 것이 그대로 남아 있다. 미국은 여전히 전쟁 중이고, 부유한 사람들은 우리를 둘러싼 불평등을 당연하게 보고 있어. 우리는 매일 아침 떠오르는 해를 보면서 생태적 재난에 직면했다는 경고를 여전히 심각하게 여기지 않고 있지. 하지만 세상은 정말로 바뀌었단다.

버락 오바마가 대통령에 당선했다는 사실은 상당히 주목할 만해. 그가 당선했다고 미국의 인종 차별 문제가 해결되지는 않았지만 미국이 다른 나라가 되고 있다는 점은 분명하지. 차이점을 간단히 말하자면, 미국인은 당연히 백인이라는 생각이 이제 더 이상 유효하지 않을 거야. 그런 변화에 적응하는 데는 시간이 좀 필요하겠지. 백인들에게는 더욱 그럴 테고.

금융 침체는 훨씬 더 심각한 문제로 드러날지도 몰라. 영미권 사람들, 특히 미국인들은 경제성장이 필연적이라고 생각했어. 경제 규모가 필연적으로 계속 커져서 더 많은 부를 창출할 거라고 말이지. 그리고 이런 성장이 보다 정의로운 사회를 이룩하는 데 결정적으로 중요하다는 주장이 따라왔단다. 부자들이 더 부유해지면 남들과 나눌 것이 더 많아질 테고 자신의 부를 희생하지 않고도 가난한 이들을 도울 수 있게 될 테니 말이야. 그러나 그때 거품이 터졌고, 우리는 우리가 가진 부가 상당 부분 허구였음을 알게 되었지. 여기에 적응하는 데는 시간이 좀 필요할 듯하구나.

물론, 세계는 언제나 변하고 있어. 어떤 변화는 다른 변화보다 더 눈에 띈단다. 사실, 장기적 영향을 끼치는 가장 중요한 변화들은 아마 인식되지도 않을 거야. 그러나 세상이 돌아가는 방식은 늘 달라지는 법이지. 그러니까 변화를 설명하는 일이 중요한 게 아니라 변화하는 세상에서 어떻게 한결같을 수 있는지가 중요하다는 의미야. 한결같은 사람, 다른 이들이 신뢰할 수 있는 사람이 되려면 변할 줄 알아야 해. 존 헨리 뉴먼(John Henry Newman)의 말을 바꿔서 표현해 보자면, 자주 변화하되 자신을 진실하게 만드는 데 계속 충실해야 한단다. 그래서 네 세례 7주년 기념일에는 용기의 덕을 권하고 싶다. 진실한 사람이 되려면 용기가 필요하거든.

방금 말한 대로, 한결같음을 유지하면서 삶의 변화를 헤쳐 가는 난제가 용기와 관련이 있다고 사람들은 잘 생각하지 못한단다. 흔히 용기라고 하면 극적이고 영웅적인 행위를 떠올리지. 그것이 잘못이라는 뜻은 아니지만, 용기는 일상의 덕이라고 말해 주고 싶구나.

용감한 사람들은 대체로 자신이 용감했다거나 영웅적 행위를 했다고 생각하지 않아. 용기는 그들의 삶에 있어 너무나 중요한 부분이기 때문에 용감해지려고 '노력'해야 한다는 생각을 찾아보기 힘들지. 예를 들어, 어떤 용감한 행위에 대해 찬사를 받고 나서 "전 할 일을 했을 뿐입니다"라고 말하는 이들을 생각해 봐. 그들의 대답은 틀린 말이 아니야. 용감한 사람들은 특정한 도전에 직면할 때, 걸음을 멈추고 용감하게 행동해야 한다고 생각하지 않거든. 그러다 보니 그들은 자신의 용기를 의식하지 않고 자신이 용감한 일을 했다는 사실도 의식하지 않지. 대부분의 덕이 그렇듯, 용기를 갖기 위해 노력한다고 해서 용감해지는 것이 아니고, 나중에야 자신에게 용기가 있다는 사실을 발견하게 된단다.

너에게 용기를 주목하라고 말하는 것이 이상하게 보일 수 있을 듯하구나. 우리는 대부분 용기라고 하면 영웅적 행위를 떠올리고, 사회는 대체로 어린이에게 영웅적 행위를 기대하지 않거든. 토마스 아퀴나스도 이렇게 말했단다. "용기의 덕은 죽을 위험에 대한 두려움을 극복하는 것이다." 이런 두려움은 지금 네 나이에 적용할 수 있지는 않아 보여. 하지만 죽음은 ─ 네가 세례를 받았음을 기억하렴 ─ 나처럼 나이가 많은 사람뿐 아니라 너에게도 분명한 현실이란다.

용기는 분명히 두려움, 죽음과 관련이 있어. 아리스토텔레스는 전투에서 죽음에 직면하는 군인들이 용기를 가장 잘 보여 준다고 생각했단다. 그는 군인들이 전투 중에 죽을 수도 있다는 사실을 알면서도 임무를 수행하려 한다고 보았지. 여기서 한 가지 중요한 점을 지적해야겠다. 아리스토텔레스는 용감한 군인들은 죽을 수 있는 상황에 대한 적절한 두려움을 갖고 접근하는데, 이런 태도가 꼭 필요하다고 생각했어. 만약 그들이 죽음을 더 이상 두려워하지 않는다면, 그건 용기가 아니라 무모함에 불과할 거야.

아퀴나스는 아리스토텔레스의 설명을 인정하면서도 용기를 가장 잘 보여 주는 이는 군인이 아니라 순교자라고 보았어. 신앙을 부인하지 않고 차라리 죽음을 선택하는 순교자는 용기의 전형이지. 순교자도 군인처럼 전장에 있지만, 철제 무기가 아닌 인내와 믿음으로 싸운단다. 그러나 사람들은 순교자를 영웅으로 여기지 않아. 그들이 적을 무찌르려고 시도하지 않으니까. 순교자는 이기는 대신 견디는 쪽을 선택하거든.

순교의 가능성을 거론하는 것이 네 인생과 무슨 상관이 있는지 의아할 수 있을 거야. 네 미래가 어떻게 펼쳐지든—나는 네가 순교자로 부름받는 일이 없기를 바란다—지금 당장 너는 크고 싶을 테지. 그러나 용기가 일상의 덕이라는 내 말이 옳다면, 잘 성장하는 데는 용기의 습관을 익히는 일이 수반된다는 사실을 너도 알게 될 거야. 이런 습관들은 순교자들이 보여 주는 인내와 일치한단다. 순교자들이 그랬듯, 너도 진실을 타협하지 않으려면 용기가 필요하다는 사실을 배우게 될 거다. 다시 말해 용기에는 취약함을 인정하는 과정이 필요하다는 것을 말이야.

성장에 대한 이야기는 삶에 대해 열정을 갖는다는 것이 어떤 의미인지 표현하는 하나의 방식일 뿐이야. 너는 네 안에 있는 열정과 사랑 덕분에 삶으로 끌려드는 너 자신을 발견하게 될 테고, 그 과정에서 특정한 사람들과 어울리고 특정한 활동에 참여하게 되겠지. 그런데 가만히 생각해 보면 네가 '안전 제일을 추구'했다면 그 사람들과 활동들은 선택하지 않았을 거야. 사실, 너는 종종 제 발로 걸어 들어간 자리에서 더럭 겁을 먹을 거야. 우리가 열정의 결과로 미지의 무언가를 직면할 때는 그다지 행복하지 않단다. 모든 미지의 것은 '작은 죽음'이니까 말이야. 너는 평생에 걸쳐 많은 미지의 것을 직면할 테고, 그때마다 용기를 내야 할 거야.

내가 딱히 용감하다고 생각한 적은 없단다. 하지만 지금 나는 회고록을 쓰고 있는데, 친구들이 회고록을 쓰려면 많은 용기가 필요하다고 말하는구나. 친구들의 말이 옳은지는 아직 확신이 없다만, 내 인생을 점검하는 과정에서 내가 때때로 용감했었다는 사실을 발견했어. 분명히 말해 두마. 잘못된 인상을 남기고 싶지 않아서 그래. 나는 용기가 별로 필요하지 않은 보호받는 조용한 삶을 살아왔어. 적어도 내게는 내 삶이 그렇게 보였지. 그러나 내가 했던 여러 생각에는 용기가 필요했단다.

용기는 내 사고방식을 이끌어 주었어. 삶에 대한 열정이 내가 생각하는 방식을 이끌었거든. 그런 열정이 어디서 나왔는지는 모르지만, 나는 그 열정을 하나님이 주셨다고 생각하고 싶구나. 삶에 대한 열정 때문에 종종 곤경에 처하기는 하지만, 그래도 나는 다른 방식으로 살고 싶은 마음이 없었고 그렇게 살 수도 없었을 거야. 나는 내가 무엇을 하는지 미처 알지도 못한 상태로 헌신한 바가 있었기에 용감해야 했어. 용기는 그 헌신을 끝까지 지켜 가겠다는 결심을 말한단다. 이 결심은 헌신의 내용이 달라지지 않을 거라는 의미가 아니라 헌신했으면 헌신한 대로 살아 내야 한다는 뜻이다.

앞서 말했다시피, 나는 그리스도의 십자가 죽음이 계시하는 하나님이 비폭력적으로 구원하시는 분임을 확신하게 되었어. 이 확신에 이끌려 친구의 질문을 받고 불쑥 이렇게 말해 버렸지. "그래, 난 평화주의자일세." 그 선언으로 나의 생각과 삶에 어떤 변화가 일어날지 나는 몰랐단다. 평화주의자라는 선언에 충실하게 살아간 데는 그 선언이 실수였을 수도 있음을 인정해야 하는 상황을 피하고 싶은 교만도 분명 작용했지만, 용기 같은 것도 어느 정도 관여했기를 바라. 비폭력적으로 살겠다고 헌신하는 데는 어느 정도 용기가 필요하니까.

내가 비폭력을 따로 거론하는 이유는 아리스토텔레스가 전쟁에 초점을 맞췄듯이 용기를 폭력과 연결 지어 생각하는 경우가 너무나 많아서야. 비폭력에 용기가 필요하다고 생각하는 사람은 거의 없지만, 무기 없이 살려면 사실 큰 용기가 필요하단다. 투르의 마르티누스(Martin of Tours), 도로시 데이(Dorothy Day), 마틴 루터 킹(Martin Luther King, Jr.) 같은 이들의 생애를 생각해 보렴. 그들의 삶은 비폭력적으로 살기 위해서는 엄청난 용기가 필요하다는 점을 분명히 보여 준단다. 그들과 같은 이들의 삶이 없다면 우리는 폭력의 대안이 존재한다는 사실을 말 그대로 상상도 못할 거야.

용감한 사람들은 겁쟁이들이 결코 알 수 없는 두려움을 느끼지만, 비폭력적으로 살기로 헌신한 그들은 두려움의 지배를 받지 않고 사는 길을 찾아냈지. 그들처럼 살려면 일상에서 형성되는 용기를 활용하는 법을 배워야 해.

물론, 나는 비폭력을 제시하면서 너도 나이가 들면 평화주의자가 되길 바라는 마음을 다소 노골적으로 전달하고 있어. 비폭력에 초점을 맞추는 것이 용기를 일상적인 것이 아니라 극적이고 비범한 것과 동일시하는 것처럼 보일 수 있겠지. 하지만 그건 내 취지와 맞지 않아. 나는 삶의 보다 평범한 측면을 헤쳐 나가는 데도 용기가 필요하다고 생각한단다. 그리고 일상적 용기의 습관이 결국 우리를 용감한 사람들로 만든다고 생각해.

네 아버지는 일상적 상호 작용에서 용기가 어떤 이유, 어떤 방식으로 필요한지 보여 주는 데 도움이 되는 이론, 곧 일상적 인간관계 이론을 제시했어. 그는 즉흥극에서 배운 교훈을 바탕으로, 우리가 취약해지는 방향으로 대화가 흘러가지 않게 '가로막고' 싶은 유혹을 얼마나 자주 받는지 보도록 도와주지. 그런 유혹을 받는 이유는 미지의 것에 대한 두려움 때문인데, 미지의 것은 우리가 생각하는 우리 자신의 지위를 위협할 수 있거든. 그 대안으로 네 아버지는 서로 간의 상호작용을 가로막기 위해 고안된 시도들을 오히려 '과잉 수용'해서 대화가 닫히지 않게 해 보라고 제안한단다. 배우들이 긍정적 대답만 하도록 되어 있는 즉흥극처럼 말이야.

네 아버지의 이론에 따르면, 과잉 수용을 위해서는 우리 삶을 더 큰 이야기의 관점에서 바라봐야 해. 그러다가 온전함과 정체성을 잃어버릴까 봐 우리는 두려워하지만, 과잉 수용은 실상 삶에 대한 열정을 잃지 않고서 정체성을 보존할 수 있게 해 주는 선물과도 같단다. 그런 삶의 방식을 이해할 수 있게 해 주는 더 큰 이야기가 바로 '복음'이고. 하나님은—적어도 이스라엘과 예수님 안에서 우리에게 알려진 하나님은—우리의 반역에 대해 친히 만드신 것을 파괴하는 식으로 반응하지 않으셔. 하나님은 그리스도를 통해 제시된 구원에 대해 우리 죄가 결정권을 갖도록 내버려 두지 않으신단다. 은혜는 하나님의 '과잉 수용'이 의미하는 바를 묘사하는 한 가지 방법이야.

하나님이 우리를 구원하셨기 때문에 우리는 위험하게 살 수 있단다. 우리가 비폭력이라는 위험을 감수할 수 있는 이유는 하나님이 그분의 나라를 비폭력적 방식으로 계시하신다고 믿기 때문이야. 과잉 수용을 하며 살기 위해서는 용기가 필요해. 용기를 이런 식으로 이해하면 상상력 넘치는 대안을 가능하게 하는 말과 행동의 기술로 용기를 구현할 수 있게 되지. 잘 생각해 보면 알겠지만 너는 과잉 수용의 기술을 학교에서 이미 배우고 있어. 네가 다니는 몬테소리 유치원에서는 "안 돼"라는 말을 잘 사용하지 않아. 매듭묶기판을 쓸 차례를 기다리는 동안에 다른 놀 거리를 시험해 볼 수 있다는 사실을 알게 되면서 기다리는 법을 배우지. 인내라는 습관의 개발은 바라건대 폭력의 대안이 될 수 있는 용기 있는 삶을 지탱해 주는 큰 힘이 될 거란다.

네가 학교에서나 부모님과의 관계에서, 그보다 더 어려운 여동생과의 관계에서 익히는 용기를 삶의 방식으로 바꾸는 건 대단한 기술이겠지. 그 기술을 갖추게 된다면 네 아버지가 말한 대로, 너는 세례를 통해 그 일부로 편입된 이야기 안에서 사는 법을 배우게 될 거야. 그러려면 주위에 용감한 친구들이 있어야 해. 너는 물질적 자원이 줄어드는 시대에 살고 있을 수도 있고, '백인으로서' 어떻게 살아야 할지 분명하지 않은 시대에 살고 있을 수도 있어. 그러나 네 주위에 용감한 친구들이 있다면, 삶이 제로섬 게임이 아니라는 사실을 알게 될 거야. 가난하고 힘을 잃은 상황에서도 진실하게 사는 법을 이미 익힌 이들 중에서 용감한 친구들을 찾을 수 있을 거다. 작게나마 나도 네가 용감하게, 다시 말해 진실하게 사는 법을 배우는 데 도움이 되는 많은 친구 중 한 명이 되면 좋겠구나.

평화와 사랑을 담아
스탠

기쁨

～ 세례 8주년 기념일 ○ 2010년 10월 27일 ～

로리에게

너는 농구를 배우고 있지. 농구를 배우고 있을 뿐 아니라 농구를 좋아하는 게 분명해. 내가 목격자니까. 경기장에 찾아가서 네가 신나게 농구하는 모습을 즐겁게 지켜봤단다. 농구를 배우는 것은 덕을 습득하는 멋진 방법이야. 간단해 보이지만 알고 보면 상당히 어려운 동작을 구사하는 데 필요한 습관과 기술을 익히려면 똑같은 동작을 거듭거듭 반복할 필요가 있지. 네가 자라면서 드리블 잘하는 법을 배우는 일과 덕을 배우는 일이 공통점이 많음을 발견하게 되길 바란다.

덕을 갖추려고 노력해서 덕스럽게 되는 게 아니란다. 덕은 농구 같은 강렬한 활동에 실려서 찾아오거든. 공을 드리블하는 법을 배움으로써, 행복하게 사는 법과 관련한 중요한 습관들을 익히게 되는 거야. 덕과 관련한 습관들을 농구로만 배울 수 있지는 않지만 농구는 우리가 더 나은 사람이 되기 위해 활용할 수 있는 '주어진 도구' 중 하나야. 노스캐롤라이나에서는 특히나 그렇단다. 잘 살기 위해서는 농구 이상의 것이 필요하지만, 농구는 출발점으로 나쁘지 않아.

그래서 네 세례 8주년 기념일을 맞아 덕스러움의 핵심 구성 요소인 기쁨을 권하고 싶구나. 네가 농구를 배우고 경기를 보면서 느끼는 권한과 만족이 곧 기쁨이거든. 그러나 여기에는 미묘한 부분이 있어. 덕스러움을 갖추는 데 있어 기쁨이 중요하긴 하지만 기쁨 자체는 덕이 아니거든. 그래서 기쁨이 덕의 핵심적 부분이라고 말한 거야. 네 삶에서 기쁨이 이미 감당하고 있고, 바라건대 점점 더 많이 감당하게 될 역할에 주목하길 바란다. 덕을 권하면서 이 부분을 빠트릴 수는 없지.

노력한다고 해서 기쁨을 누릴 수 있지는 않아. 기쁨은 자연스럽게 우러나니까. 기쁨은 뜻밖의 순간에 찾아오는 것 같아. 그래서 우리는 기쁨이 습관보다는 감정에 가깝다고 생각하게 되지. 기쁨이 언제 '나타날지' 예상할 수 없거든. 우리가 기쁨과 연결해서 사용하는 '황홀한' 같은 단어는 덕을 설명할 때 잘 쓰지 않는단다. 또, 어떤 경기나 음악을 즐기려고 노력해 보라고 말할 때 그 '노력'이 어떤 의미인지 분명하지 않아.

우리는 즐겁거나 즐겁지 않거나 둘 중 하나잖아. 그래서 누군가에게 즐거워해야 마땅하다고 말하는 것은 말이 안 돼.

하지만 갈라디아서 5장 22-23절에서 바울은 우리가 덕과 관련이 있다고 생각하는 여러 특성의 목록에 희락(기쁨)을 써 두었지. 그는 "성령의 열매는 사랑과 희락과 화평과 오래 참음과 자비와 양선과 충성과 온유와 절제"라고 말해. 많은 사람이 이 구절을 바울이 갈라디아 교인들에게 추천한 임의적 특성들을 '한데 모은' 목록으로 이해하는데, 사실 이 특성들 사이에 존재하는 깊은 상호 연관성은 왜 이 목록에 기쁨이 들어 있는지 이해하는 데 도움이 된단다. 농구를 통해 얻는 기쁨은 성령이 주시는 기쁨과 관련이 있다는 내 생각에 바울도 동의할 듯해.

바울이 말한 대로, 절제와 기쁨 사이에는 강한 연관성이 있단다. 기뻐할 줄 아는 사람들은 '상황을 장악'하기 위해 안달하지 않아. 자신의 모습에 만족하는 그들은 상황을 장악하려고 노력할 필요가 없단다. 그들의 겉모습은 그들의 실상과 다르지 않으니까 말이야. 그들은 신실한 사람, 고결한 사람이 되려고 노력해야 하는 처지가 아닌 듯해. 그들은 자신이 즐기는 일을 하면서 특별한 사람들이 되었고 거기에서 신실함, 고결함 같은 것들이 그냥 **흘러나오지**.

기쁨 없이는 바울이 목록에 넣은 다른 특성들이 불가능할 거야. 사랑은 다른 사람과 함께하는 기쁨이고, 평화는 기쁨 때문에 가능한 안식이거든. 인내는 기쁨이 제공하는 시간이고, 자비와 양선(너그러움)은 사랑이 제로섬 게임이 아니라는 즐거운 현실이 표출된 거지. 온유는 다른 사람과의 만남에 대한 기쁨 어린 반응이란다. 한마디로, 성령을 통해 우리가 살 만한 인생을 받았다고 확신할 때 기뻐할 수 있는 거야.

이런 인식에 힘입어 네가 오늘날 사람들이 흔히 생각하는 것과는 아주 다른 시각으로 도덕을 볼 수 있다면 좋겠다. 많은 사람이 '도덕적' 또는 '덕스러운' 삶이라고 하면 '하고 싶지 않은 일을 해야 하는 상황'을 떠올린단다. '좋은 시간을 보내는 것'과 '좋은 사람이 되는 것'은 전혀 다른 삶의 방식을 가리킨다고 많이들 생각하지. 그러나 농구가 선해지는 일과 유사할 뿐 아니라 실제로 선해질 수 있는 한 가지 방법이라면, 도덕이 짐이라는 생각은 잘못된 것이 분명해. 우리가 마땅히 갖춰야 할 상태, 마땅히 해야 할 일은 우리를 행복하게 만드는 일과 다르지 않을 거야. 물론, 우리의 정체성에 충실하기 위해 감당해야 하는 일을 하려면 희생을 감수해야 할 때도 있겠지. 하지만 올바른 일을 올바르게 했음을 알 때 찾아오는 깊은 만족감이 있지 않겠니.

덕스러운 삶에서 기쁨이 감당하는 역할에 주목하면 우리가 무엇보다 몸을 가진 피조물이라는 사실을 기억하게 된단다. 드리블 연습으로 얻는 습관은 '농구'를 생각하기 위한 전제 조건이 아니야. 그 습관 자체가 농구라는 사고방식이지. 우리가 **몸으로** 생각하는 것이 아니라 몸이 생각하는 거란다. 네가 드리블을 배우는 이유는 드리블 자체가 목적이 아니라 적당한 시간에 적당한 선수에게 공을 패스하기 위해서야. 패스를 하려면 동료의 습관을 잘 알고 있어야 하기 때문에 패스가 드리블보다 더 복잡한 기술일 수 있어. 이것은 중요한 사실을 말해 주지. 우리 몸은 우리가 다른 몸의 존재를 기뻐하기 원한다는 사실이야.

기쁨을 느낌이나 감정과 연관 지어 생각하는 것은 덕의 신체성을 드러낸다는 점에서 분명히 옳아. 하지만 우리는 기쁨을 느껴서는 안 될 때도 기쁨을 '느낄' 수 있어. 이렇게 '잘못된' 기쁨을 얻을 수 있기 때문에, 어떤 이들은 선함의 의미를 생각할 때 기쁨을 본질적인 것으로 여겨서는 안 된다고 우려한단다. 기쁨은 취향의 문제와 매우 비슷해 보여. 하지만 덕스러운 사람이 되는 것은, 곧 좋은 취향을 갖춘 사람이 되는 것을 말해. 좋은 취향은 (대중적 개념과 달리) 자의적이거나 주관적인 것이 아니란다. 중요한 문제들에 대한 판단력이 형성된 상태를 말하지. 듀크 대학교의 농구 방식이 노스캐롤라이나 대학교의 방식보다 우월하다고 판단하는 것이 좋은 취향이지. 그렇기 때문에 듀크 대학교 농구팀이 이길 때 즐거워하는 것이 옳은 거야(듀크대와 노스캐롤라이나대의 농구팀은 매년 미국 대학리그 우승 후보로 거론되는 라이벌 관계다―편집자).

기쁨과 좋은 취향이 덕을 아는 사람으로 사는 데 꼭 필요하다는 사실은 도덕이 삶의 가장 중요하고 의미심장한 측면만을 말한다는 많은 사람의 생각에 이의를 제기한단다. 도덕은 분명히 그런 것들을 말하지만, 아리스토텔레스의 지적대로 도덕은 우리가 어떻게 흥겨운 시간을 보내는가가 중요하다는 점도 알려 주거든. 또, 아리스토텔레스는 사람을 만날 때 올바로 귀를 기울이고 올바로 말하는 것이 중요하다고 말해. 그리고 어떤 사람들과 어울리는가에 따라서 올바로 말하고 올바로 듣는 법을 배우는 방식이 크게 달라질 거야. 이 부분에서 너는 내가 앞서 보낸 편지를 떠올릴지도 모르겠구나. 거기에서 나는 덕스러운 사람들과 덕스럽지 않은 사람들의 삶을 결정적으로 갈라놓는 것이 우정임을 보여 주려고 했지.

아리스토텔레스는 웃음을 끌어내려고 과도하게 애를 쓰는 사람들을 가리켜 '천박한 어릿광대'처럼 행동한다고까지 말한단다. 사람들을 웃기기 위해 필사적으로 노력하는 이들 중에는 누군가를 농담거리로 삼아 고통을 안겨 주면서까지 사람들의 반응을 끌어내려고 하는 경우가 많거든. 아리스토텔레스는 농담이 좋은 것이고 농담할 줄 모르는 사람들은 "촌스럽고 경직되어 있다"고 생각했어. 하지만 그는 점잖은 문명인에게 합당한 방식으로 농담을 하고 농담을 들어야 한다고 보았단다.

유머와 기쁨 사이에는 분명히 연관 관계가 있어. 만약 기쁨이 덕스러운 삶의 본질적 부분이라면, 덕스러운 사람에게 유머가 결여될 수 있음을 믿기 어렵겠지. 유머가 있으려면 자신을 대단한 존재로 여기지 않아야 하니까 말이야. 달리 표현하면, 덕스러운 사람은 자신의 삶이 선물로 주어졌고, 혼자서 이룰 수 있는 것보다 우리를 더 큰 존재로 만들어 주는 여러 선을 통해 그 선물이 가능하다는 사실을 아는 거란다.

농구, 유머, 그리고 이 둘과 덕, 기쁨의 관계는 너의 세례 8주년 기념일에 내놓기엔 이상한 연상들의 조합으로 보일 수 있을 것 같구나. 이 중 어느 것도 분명하게 기독교적인 것으로 보이지 않으니 말이야. 앞에서 갈라디아서에 나오는 바울의 목록을 소개했다만, 목록은 목록일 뿐이다. 하지만 네가 자라서 너의 세례에 합당한 존재가 되면, 기쁨이 그리스도인이 되는 과정의 핵심임을 알게 될 거야. 덕의 사람이 된다는 말은 자신이 받은 것을 기뻐하는 법을 배우는 것임을 알게 되기를 바란다. 그리고 우리는 그것을 '예배'라고 하지.

흥미롭게도 바울은 갈라디아서에서 제시한 목록을 '성령의 열매'라고 부른단다. 그는 자신이 권하는 덕목 중 어느 한 가지도 금지할 것이 없다고 밝히지. 그의 말은 이렇게 이어진단다. "그리스도 예수의 사람들은 육체와 함께 그 정욕과 탐심을 십자가에 못 박았느니라. 만일 우리가 성령으로 살면 또한 성령으로 행할지니 헛된 영광을 구하여 서로 노엽게 하거나 서로 투기하지 말지니라." 내가 이 편지에서 제시한 방향이 옳다면, 그리스도인들은 자신이 받은 세례에 합당하게 살아갈 때 덕스러운 사람들이 되고, 그로 인해 기쁨에 사로잡힐 수밖에 없을 거란다.

평화와 사랑 안에서
스탠

단순함

~ 세례 9주년 기념일 ○ 2011년 10월 27일 ~

로리에게

단순함? 도대체 왜 너의 세례 9주년 기념일에 단순함을 권할까? 단순함은 덕의 목록에 잘 들어가지도 않는데 말이야. 그런데 단순함이 덕으로 간주되지 않는다는 사실은 덕의 전통에 대해 뭔가 중요한 메시지를 전하는 것일 수도 있어. 사람들은 흔히 덕을 힘 있고 지적이고 부유하고 고상한 자들의 특징으로 여긴단다. 단순함은 그런 사람들을 묘사하는 데 쓰이는 단어가 아니지. 하지만 나는 덕이 그리스도인들에게 미치는 역할을 어떤 식으로든 설명하려면 단순함이 우리 삶의 특징이 되어야 한다고 생각해.

너는 특권을 누리는 세계에서 자라고 있단다. 일상에서 힘 있고 지적이고 부유하고 고상한 사람들을 만나지. 그런 특권을 받았다면 그건 좋은 일이야. 나도 특권을 받은 사람이고 그 세계의 일부란다. 나는 평생을 책을 읽고 글을 쓰면서 보냈어. 내가 이런 식으로 살아올 수 있었던 이유는 힘 있고 부유한 사람들 때문에 가능해진 세계가 나를 받쳐 준 덕분이지. 하지만 나는 내가 여전히 단순한 사람이라고 생각하고 싶구나. 물론 이것이 내가 심각한 자기기만에 빠졌다는 증거일 수도 있어. 그리고 단순함의 덕과 단순한 사람이 어떤 관계가 있는지도 분명하지 않아.

내가 지금 단순함에 초점을 맞추었다는 사실은 너보다는 나에 대해 더 많은 이야기를 해 준단다. 나는 나이가 들수록 아버지를 자주 생각해. 나의 아버지는 하나님과 가족에게 헌신한 단순한 사람, 조적공이셨어. 그분에겐 거짓이 없었고 눈에 보이는 그대로였지. 나는 내가 아버지와 다르지 않다고 생각하고 싶다. 너도 어른이 되면 내 아버지처럼 되면 좋겠구나. 그러나 너는 내 아버지 같은 단순한 사람들이 단순할 수 있었던 이유가, 그들이 지금보다 훨씬 덜 복잡한 시대에 살았기 때문이라는 말을 듣게 될 거야.

'복잡함'은 우리 시대를 특징짓는 데만 쓰이는 말이 아니야. 사람들은 '복잡함'이 선이라고 생각한단다. 우리가 단순한 해결책이 없는 복잡한 문제들에 시달리는 복잡한 세계에 살고 있다는 말도 들려오지. 그래서 이 복잡한 문제들을 해결할 능력이 있는 복잡한 사람들이 필요한 거고. 사실, 네 부모님이 일하시는 대학은 그런 문제들을 다룰 수 있는 복잡한 사람들을 배출하는 데 전념하는 기관이기도 해. 네가 좋든 싫든, 너는 대학 사회 속에서 양육되고 있단다. 내가 너의 대부로서 이 편지를 쓴다는 사실은 네가 '복잡해질' 운명임을 보여 주는 증표지.

하지만 내 아버지의 세계가 오늘날보다 덜 복잡했다는 확신은 전혀 들지 않는구나. 그런 주장이 사실인지 도대체 어떻게 알 수 있겠니? 아버지는 어릴 때 말을 타고 학교에 가셨대. 그러다 청년이 되어서는 자동차가 장악해 버린 세상에 적응하셨지. 모든 시대 모든 세계는 나름의 방식으로 복잡해. 그렇기 때문에, 어느 시대 어느 세계에서나 단순하게 사는 것이 무엇인지 배워야 한단다. 단순함의 반대는 복잡함이 아니라 가식과 부자연스러움이야.

단순함이 진짜 자신을 찾고 싶은 욕망에서 유래한 덕이라는 생각은 그럴듯하지만, 내 아버지는 그런 욕망 자체가 없었어. 아버지의 단순함은 자신이 받은 것 이외의 삶을 바란 적이 없었기에 가능했단다. 단순함은 자신이 올바른 것을 올바르게 원한다는 사실을 아는 만족감에서 자라나거든. 내 아버지는 그리스도인으로, 남편으로, 아버지로 살 수 있게 해 줄 수 있는 좋은 일을 원하셨지.

내가 어릴 때 미국 남부에서는 현대의 '발달 장애인'에 해당하는 사람들을 '단순한 사람'(simple)이라고 불렀단다. 그들이 기본적인 생활 그 이상은 이룰 능력이 없다고 생각했거든. '단순한 사람'이라는 말은 칭찬이 아니었지만, 그렇다고 부정적 묘사도 아니었어. 단순하다는 의미는 그 사람에게 무엇이 결여되었든 기본은 바로 갖추고 있다는 의미였으니까. 사랑하고 사랑받을 줄 안다는 뜻이었지. 그런데 사랑하고 사랑받을 줄 아는 것은 대단히 복잡하고 어려운 활동일 수 있어. 그래서 내가 말한 대로 단순함은 복잡함을 배제하지 않는다는 의미로도 읽을 수 있는 거란다.

단순함과 단순한 사람들 사이의 관계에 주목하는 일은 덕 전통이 특권 계층의 전유물이 되지 못하게 하는 데 있어서도 중요해. 그렇다고 단순한 사람들이 그렇지 않은 사람들보다 더 쉽게 단순함의 덕을 습득한다는 의미는 아니야. 단순함은 사람이 하나님과 그분의 창조 세계와 관련하여 자신을 있는 모습 그대로 평화롭게 받아들였다는 표시일 뿐이지.

단순함을 이해하는 최선의 방법은 굳이 애쓰지 않고 자기답게 존재하는 사람들의 특징적 덕이라고 생각하는 거야. 그렇기 때문에 단순함은 다른 모든 덕에 필요한 특성일 수 있어. 예를 들어, 용감한 사람들은 단순하게 용감해야 해. 단순함이 없이는 자신의 용기를 '증명'하고 싶은 유혹을 받을 테고 그렇게 하다가는 용감한 것이 아니라 무모해지기 십상이거든. 단순함이 다른 모든 덕에 자격을 부여하는 덕이라면, 그거야말로 단순함이 덕에 잘 포함되지 않는 이유일 거야. 그런데 이런 통찰은 좋은 삶에는 단순함이 꼭 필요하다는 점을 인식하기 위해서, 단순함을 이해하는 일이 매우 중요하다는 사실을 알려 준단다.

단순함은 정직이나 성실과 분명히 비슷한 점도 있어. 정직과 성실을 폭넓게 이해하면 단순함을 덕으로 꼽는 것이 불필요해 보일 수 있지. 하지만 나는, 특히 우리가 사는 이 세상에서는 단순함의 중요성을 놓쳐서는 안 된다고 생각해. 단순함이 없는 성실과 정직은 공동체를 세우는 특성이 아니라 다른 이들을 공격하는 무기처럼 가혹하고 잔인한 덕이 될 수 있어.

단순함이 어떻게 습관으로 자리 잡을까? 나는 좋은 일거리에서 단순함이 나온다고 봐. 내 아버지가 조적공이었던 것은 우연이 아니라고 생각해. 아버지에게는 좋은 일거리가 있었어. 조적이라는 일 자체가 좋기도 했거니와 그 일이 다른 일로는 성취할 수 없었던 선에 기여했기 때문이야. 단순함,

즉 좋은 일을 하는 삶에서 찾아오는 만족감은 '누구십니까?' '무슨 일을 하십니까?'와 같은 질문을 받았을 때 자신이 하는 일을 밝히는 당당한 선언에 담기게 된단다. 내 아버지가 스스로를 가리켜 조적공이라고 말할 때는 자신이 벽돌을 쌓는 방식이 인생의 매 순간을 살아가는 방식과 전혀 다르지 않다는 의미였지.

우리가 단순한 삶을 살려고 할 때 마주하는 난관은 우리 세계가 더 복잡해진다는 점이 아니라 우리 삶이 점점 더 구획화된다는 점이야. 자기가 삶의 한 측면에서 하는 일은 다른 측면에서 하는 일과 이어져 있지 않고 연관성도 없다고 생각하는 이들이 많아. 사정이 이렇다 보니 일터에서 하는 일이 인간관계에서의 행동거지와 관련이 없다고 생각하는 이들도 생겨나지. 문제는 단순히 각기 역할에 따라 다른 기술이 요구된다는 점만이 아니라, 이것이 도덕적 부분과도 관련이 있다는 점이란다. 단순함을 갖춘 사람이라면 할 수 없는 생각이 있어. 이 환경에서 하는 일이 저 환경에서 하는 일과 아무 관련이 없다는 생각이지. 이런 식의 사고방식은 작위적이고 자기기만을 부른단다.

자라면서 네 삶을 구획화하고 싶은 유혹이 늘 너를 따라다닌다는 걸 너도 알게 될 거야. 그 유혹은 너무나 커서 사실

유혹인 줄도 알아차리지 못할 테지. 세상에서 '성공'하고 싶을 때 자신의 삶을 구획화하는 능력이 생존을 위한 필수 기술로 보이겠지. 공적 영역과 사적 영역이라는 거짓 구분이 '기정 사실'로 보일 거고. 이런 구분을 받아들이면 사적으로는 하지 않을 일을 공적으로 하면서, 그 일을 한 사람이 '실은' 우리가 아니라는 뻔뻔한 주장도 할 수 있을 테니 말이야. 네가 "이건 진짜 내가 아니야"라고 말하게 된다면, 그것은 네 삶의 특징이 되어야 할 단순함이 위기에 처했다는 신호란다.

마태복음의 산상설교에서 예수님은 제자들에게 하나님의 이름을 걸고 맹세하면 안 된다고 말씀하셔. 그 대신 이렇게 말씀하시지. "너희는 그저 '예' 할 것은 '예' 하고, '아니오' 할 것은 '아니오'만 하라. 그 이상의 말은 악한 것에서 비롯된 것이다"(5:37, 우리말성경). 분명한 말과 단순함은 확실히 깊이 이어져 있단다. (그렇다고 능숙한 말과 분명한 말이 양립 불가하지 않음도 반드시 기억해야 해.) 단순함을 드러내며 사는 이들에게서 심오한 아름다움이 뿜어져 나오는 모습을 너도 보게 될 거야. 예수님이 산상설교에서 말씀하시고 새들이 증언하듯, 그들은 다른 방식으로는 불가능한 삶이 하나님을 신뢰하면 가능해진다는 사실을 배웠기 때문이지.

셰이커파(Shakers)라는 이상한 그리스도인들이 지어 부른

아름다운 한 찬송가가 하나님을 신뢰할 때 찾아오는 단순함을 잘 표현해 준단다. 그 찬양은 이렇게 이어져.

> 단순할 수 있는 것은 선물, 자유로운 것은 선물,
> 우리가 있어야 할 곳으로 내려가는 것은 선물.
> 우리가 있어야 할 바로 그곳에 있을 때,
> 그곳은 사랑과 기쁨의 골짜기.
> 참된 단순함을 얻을 때,
> 고개를 숙이고 몸을 굽히는 일이 부끄럽지 않으리.
> 돌고 도는 것이 우리의 기쁨이 되니,
> 돌고 돌다 마침내 제대로 방향을 잡게 되리라.

셰이커교도들은 단순함이 선물이라고 올바르게 노래한단다. 단순함은 자신이 받은 것을 즐거워하는 사람들 안에서 드러나는 자유의 선물이지. 단순함의 선물을 받는다는 말은 삶이 선물임을 인식하고 기뻐한다는 의미야. 이렇게 인식할 수 있으면 자기 자신과 분리된 자아에서 태어난 자기 의심에 짓눌리지 않는 삶이 가능해지는 거야. 단순함은 셰이커교도들이 말한 대로 자신의 삶이 원래 있어야 할 곳에 "내렸다"는 감각이 선사하는 선물이야. 그리고 자신의 삶이 "내린" 곳을 기뻐하는 이들은 단순함을 인식할 가능성을 즐기지. 그들은 단순함의 큰 적인 가식을 피할 가능성도 확보하게 된단다.

셰이커교도들은 단순함의 삶을 살려면 단순하게 살아야 한다고 생각했단다. 그래서 농사를 짓고 아주 단순한 가구와 기구를 제작해서 생계를 유지했지. 그들은 결혼도 하지 않고 자녀도 낳지 않았어. 놀랄 것도 없이, 그들 공동체는 살아남지 못했단다. 하지만 그들의 증언은 여전히 살아 있어. 그들은 우리 삶의 '복잡함'에 강력한 이의를 제기해. 그들의 삶은 단순함이 가능하게 만드는 기쁨을 보여 주었거든.

오늘날의 삶은 복잡해. 네 삶도 복잡할 거야. 하지만 나는 네가 "있어야 할 바로 그곳에 내렸다"는 사실을 발견하게 되기를 바라고 기도한다. 네가 단순함을 발견하기를 바라고 기도한다.

평화와 사랑을 담아
스탠

한결같음

~ 세례 10주년 기념일 ○ 2012년 10월 27일 ~

로리에게

슬픈 이별이었어. 너와 네 가족이 영국으로 돌아갔구나. 돌아갈 때가 되었다고 봐야겠지. 네 부모님은 영국으로 돌아가야 했어. 영국의 교회를 섬겨야 하니 말이야. 너와 스테피도 돌아가야 했지. 미국에서 너무 오래 머물면 미국인이 되어 버릴 테니 말이야. 미국인이라는 것 자체는 문제가 없지만, 너희 가족은 영국 사람들 아니니. 너를 영국인으로 만들어 주는 이야기와 습관들이 제대로 뿌리를 내리려면 영국이 필요하단다. 그래도 너를 듀크대 야구 경기에 데려가던 날들이 그리워질 듯하구나.

폴라에게도 말했지만, 네 가족이 떠나는 일에 골몰한 나머지 너에게 연례 편지를 쓸 때가 된 걸 까먹을 뻔했단다. 네 세례 10주년을 맞아 어떤 덕을 권하면 좋을지 폴라에게 물었어. 구체적인 덕을 꼽지는 않고 영국적 덕이 좋겠다고 말하더구나. 참 흥미로운 생각이지. 어떤 장소와 관련된 특정한 덕이 있을 수 있다니 말이야. 덕은 어디서나 동일한 것 아닌가?

이 질문은 대단히 중요해. 제대로 다루자면 편지보다 훨씬 많은 지면을 할애해야 할 테지. 하지만 짧게나마 내 답변을 제시해 보면, 시간과 장소에 따라 구체적인 덕을 이해하는 방식이 달라진다고 할 수 있어. 이전에는 이름이 없었던 덕 또는 그 중요성을 인식하지 못했던 덕이 어떤 전통에서 중심이 되는 일이 가능하단다. 나는 한결같음이 바로 그런 덕이라고 생각해.

한결같음은 영국 국민 특유의 덕은 아닐지 몰라. 하지만 철학자 알래스데어 매킨타이어(Alasdair MacIntyre)의 생각이 옳다면, 한결같음은 제인 오스틴(Jane Austen)의 소설에서 가장 잘 드러난 덕이야. 그는 오스틴이 덕으로서의 한결같음에 대해 이야기를 들려주었을 뿐 아니라 한결같음의 덕을 포착해 낸 첫 번째 무리에 속한다고 주장했던 터라 그의 생각이 매우 설득력 있게 들린단다. 한결같음이 과거에 덕으로 지목되지 않았던 이유는, 인내심 있고 용감한 사람들이 지금 우리가 한결같음과 연결시키는 특성들을 갖고 있는 경우가 많았기 때문일 수도 있어. 그러나 매킨타이어는 그의 책 『덕의 상실』(*After Virtue*, 문예출판사)에서 사회 질서가 점점 파편화되고 있는 세상에서는 자아의 온전함을 보존하는 데 필요한 덕으로 한결같음을 거명할 필요가 있음을 오스틴이 알아보았다고 밝혔지.

한결같으려면 용기와 인내가 있어야 하지만, 용감하고 인내할 줄 아는 사람이 용기와 인내의 사례를 볼 수 없는 세상을 헤쳐 나가려면 한결같음이 필요하단다. 그러니까 내가 이렇게 한결같음을 권하는 것은 제인 오스틴의 책을 읽으라고 부추기는 작전이기도 해. 오스틴의 소설을 읽는 것은 영국인이 되는 방법 중 하나가 아닐까? 물론, 오스틴뿐 아니라 앤서니 트롤럽(Anthony Trollope)의 소설도 일부나마 읽었으면 하는구나.

위대한 '도덕가들'이었던 오스틴과 트롤럽은 우리가 잘 살도록 돕는 소설을 썼고, 한결같음은 오스틴 못지않게 트롤럽에게도 중요했어. 두 소설가 모두 한결같음을 '신사'로 사는 것의 의미와 연결시켰지. 그들은 평소에는 신사처럼 보여도 위기 상황이 닥치면 신사답게 행동할 거라고 믿을 수 없는 남자들이 있음을 알았단다. 참된 신사는 한결같을 거야. 그들은 겉모습과 다르지 않을 거야. 트롤럽은 한결같은 삶을 살려면 용서가 꼭 필요하다고도 생각했어. 기꺼이 용서받을 자세를 갖추고 있어야만 우리 자신이 거짓 이야기에 귀 기울이는 일을 피할 수 있지. 거짓 이야기들을 듣게 되면 결국 기만에 사로잡혀 한결같을 수 없어지거든. 이 문제는 복잡해서 한결같음에 대한 탐구가 소설에서, 특히 영국 소설에서 가장 잘 이루어지는 듯하구나.

그래서 나는 한결같음이 '영국적 덕'이기를 바란다. 나야말로 당당한 영국 애호가, 그중에서도 오스틴 문학과 트롤럽 문학 애호가니까. 네가 영국 소설을 좋아하게 되기를 간절히 바라는 것은 나로서는 당연해. 네가 오스틴과 트롤럽의 책뿐 아니라 그들이 작품 안에서 사랑스럽게 그려 내는 생활 방식과도 사랑에 빠지면 좋겠구나. 두 저자 모두 영국인을 영국인으로 만드는 이야기를 펼치거든.

물론 오스틴과 트롤럽의 영국은 더 이상 존재하지 않아. 그들이 받아들인 국교회는 계층화된 영국 사회를 정당화했지. 영국은 여전히 계층화된 사회고, 지금은 계층화가 돈으로 결정된다는 차이만 있을 뿐이야. 내가 오스틴과 트롤럽에게 관심을 가지라고 하는 말은 그들의 세계로 돌아가기를 바라야 한다는 의미가 아니야. 그건 불가능해. 그들이 전제했던 세상이 사라진 지금은 그들이 생각했던 한결같음이 더욱 중요해졌다는 말을 하려는 거야. 그들이 알던 교회는 사라졌지만, 그들의 작품은 우리가 한결같은 사람들이 되려면 어떤 교회, 어떤 그리스도인이어야 하는지 상상하는 데 도움을 준단다.

내가 네게 한결같음을 제시하는 이유는 그것이 가진 '영국적 특성' 때문만이 아니야. 나는 한결같음이 네 나이에 특히 중요하다고 생각하거든. 곧 너는 십대에 접어들겠지. 그것이 네게 구체적으로는 어떤 의미가 있을지 잘 모르겠다만, 너는 분명 많은 변화를 겪을 거란다. 몸이 변할 테고, 친구들이 달라질 테고, 네 관심사와 가족과의 관계도 달라질 거야. 하지만 이 모든 변화에도 불구하고 너는 로리 웰스로 남아 있어야 할 필요가 있을 테지. 한결같음은 좋은 변화든 나쁜 변화든 어떻게든 네 인생을 이루게 될 여러 변화를 거치면서 '네가 너로 있을' 수 있게 해 주는 덕이란다.

이렇게 이해하면 한결같음은 우리가 사는 시대에 영향을 줄 뿐 아니라 그로부터 영향을 받는다고도 말할 수 있겠지. 우리는 시간의 피조물이고 삶 자체가 시간을 구성해. 한결같음은 우리가 겪어야 하는 여러 변화를 거치면서도 우리 삶이 일관성을 갖게 해 준단다. 다른 모든 덕이 의지하는 덕이지. 한결같음은 우리 삶에 일관성과 통일성을 부여하는 이야기로 반영되고 표현돼. 보다 전문적 언어로 표현하면, 한결같음은 우리 삶의 목적적 특성과 상관관계가 있는 덕이란다.

한결같음은 하나의 인생 전체가 이루는 모양이고, 사람마다 상당히 다르게 보일 수 있어. 우선, 사람마다 기질이 다르단다. 어떤 이들은 '자연적으로' 행복하고, 어떤 이들은 '자연적으로' 수심에 차 있어. 결코 '우울한' 법이 없는 사람이 보여 주는 한결같음과 '생각이 많다'고 할 수 있는 사람의 한결같음은 상당히 다를 거야. 다시 말해 한결같음은 우리가 개인주의적 윤리를 받아들이지 않고도 개인이 되게 한단다.

한마디로, 한결같음은 '나로 존재하는' 습관이야. 한결같은 사람은 겉과 속이 일치할 거라고 믿을 수 있지. 이런 면에서 약속 준수와 한결같은 사람이 되는 것은 깊이 이어져 있단다. 한결같다는 말은 약속을 지킬 거라고 믿을 수 있다는 뜻이야. 이것은 믿음직한 존재라는 의미의 일부지만, 나는 믿음직함을 특징으로 하는 삶은 그 자체가 우정을 가능하게 만드는 약속이라고 봐. 한결같다는 말은 참된 친구가 된다는 의미지. 너도 자라면서 너 스스로 그런 친구가 되는 일과 한결같은 친구를 두는 일이 인생을 살 만하게 만든다는 사실을 알게 될 거란다.

하지만 이 문제는 단순하지 않아. 한결같은 사람이 믿음직한 사람으로 인정받으려면 당대의 관습에 충실해야 하거든. 오스틴과 트롤럽은 남녀가 관계 맺는 방식이 숙지된 관습에 따라 정해지던 사회를 당연하게 생각했어. 숙녀나 신사가 어떠해야 하는지 모두가 아는 듯했지. 언뜻 생각하면 이것이 우리 시대의 특징인 모호한 역할보다 나아 보일 수 있어. 하지만 오스틴과 트롤럽의 세계에서는 관습만 지키면 실제로 믿음직한 존재가 아니더라도 얼마든지 한결같아 보일 수 있었단다. 그래서 매킨타이어는 한결같음의 숙적이 매력이라고 말했어. 매력이 있으면 진정성 있는 사람인지 '시늉만 하는' 것인지 구분하기 어려워지니까.

진정 한결같은 사람이 되기 위해서는 자기 지식과 자기 확신을 길러서 다른 이들의 견해에 휘둘리지 말아야 한단다. 이것이 내가 이 편지에서 말해 줄 수 있는 가장 중요한 교훈일 듯하구나. 너는 급우들의 좋은 평판을 간절히 원하게 되는 시기에 접어들고 있어. 사람들이 널 좋아해 주기를 엄청 바라겠지. 그 바람은 순수해 보이지만, 거기에 집착하다간 한결같음에서 벗어나거나 자신에게 충실하지 못하게 될 수 있단다. 네가 어떤 친구를 사귀는가에 따라 한결같은 사람이 되는 데 있어서 많은 부분이 달라질 거다.

이 문제는 아주 까다로워. 한결같다는 것은 네가 누구인지 다른 사람들이 결정하도록 두지 않는 것이야. 하지만 그러면서도 너의 신념에 충실하고, 네가 신뢰하고 너를 신뢰하는 사람들에게 충실하기를 바라게 된다는 뜻이란다. 한결같음은 시기나 적개심에 휘둘리는 삶을 허용하지 않아. 시기와 적개심이 네 삶을 쥐고 흔들면 한결같음은 밀려나고 '알려지고' 싶은 욕망이 그 자리를 차지하게 돼. 물론, 다른 사람들에게 알려지고 사랑받는 것은 좋은 일이야. 그러나 알려지고 싶은 욕망이 외로움을 피하기 위한 수단이 되면 절박함으로 이어지기 십상이고 그만큼 한결같음이 훼손될 수 있어. 절박해질 때, 우리는 자신이 누구인지 (그리고 누구의 소유인지) 잊게 된단다.

그래서 한결같음에 대한 이야기가 어떤 식으로 우리의 해석에 영향을 미치는가에 따라 모든 것이 달라지지. 우리 그리스도인들은 하나님의 부름에 합당한 존재라는 믿음에 우리가 부응할 수 있다고 믿어. 우리는 자충족적 존재가 아니야. 한결같으려면 다른 이들의 도움을 받아야 하는 존재로 부름을 받았지. 그리스도인으로 산다는 말은 서로가 있어야 자신에 대한 진실을 알 수 있다고 믿는 무리의 일원이 되었다는 뜻이란다. 그리고 그리스도인은 절박함을 특징으로 하는 사람들이 아니야. 우리는 시편 기자와 함께 이렇게 선언하지. "여호와는 나의 목자시니 내게 부족함이 없으리로다." 한결같음은 고마움과 감사의 덕이야. 그리스도가 믿음직한 분이기 때문에 우리가 한결같을 수 있는 거란다.

'성찬의 감사 기도'를 드리는 성찬 집전자는 예수님이 선물로 주신 그분의 살과 피를 성령께서 거룩하게 해 주시길 기도하지. 우리는 그 기도를 이어받아 성령께 이렇게 요청한단다. "우리도 거룩하게 하셔서 이 성찬을 믿음으로 받고 하나 됨과 한결같음과 평화 가운데 주를 섬기게 하소서. 그리고 마지막 날에 당신의 모든 성도와 함께 당신의 영원한 나라의 기쁨에 참여하게 하소서." 우리가 교회로서 바치는 이 중요한 기도문에서 우리를 한결같게 만들어 달라고 성령께 구하는 것은 우연이 아닌 듯하구나. 나는 이렇게 기도하는 이유가 한결같음, 하나됨, 평화가 하나님의 선물이기 때문이라고 확신해. 그리고 하나님은 우리가 우리 자신과 서로에게 느끼는 두려움에 내재하는 폭력에 대안이 존재한다는 사실을 세상에 알리시기 위해 그런 선물을 주셨다고 굳게 믿는다.

이별은 슬펐어. 폴라와 나는 네가 없는 현실을 매일 실감해. 폴라는 너희 가족이 살았던 집을 매일 지나치면서 너와 네 여동생이 이제 거기 살지 않음을 되새기지. 나는 신학부의 빈 연구실을 지날 때마다 네 어머니의 부재를 느낀단다. 네 아버지의 설교를 듣던 날들이 그립구나. 이 '그리움'은 우정이 정말로 소중하고, 그것을 결코 당연하게 여겨선 안 된다는 사실을 기억하게 해 준단다. 몸이 멀리 있으면 관계도 달라지는 법이지만, 거리가 우리의 우정을 어떻게 바꾸어 놓을지는 모르겠다. 내가 아는 바, 하나님은 우리에게 한결같음이라는 선물을 주셨어. 서로에게 건네는 한결같음의 선물은 시공간을 건너서 우리가 하나로 이어질 수 있게 하지. 네가 그립구나. 하지만 하나님이 허락하시면 우리는 너의 한결같은 친구로 남을 거야.

평화와 사랑을 전하며
스탠

겸손(과 유머)

～ 세례 11주년 기념일 ∘ 2013년 10월 27일 ～

로리에게

앞서 보낸 편지들에서는 나중에 읽을 때 표지가 될 만한 시간과 장소를 첫머리에 밝히려 했어. 사회적으로 큰 사건이었거나 너에게 일어난 일을 적어서 시간의 경과를 알려 주려 했지. 이번에는 좀 다른 시도를 해 보마. 지금 내 형편이 어떤지 써 보려 해. 나는 45년 넘게 선생으로 있었다. 그러다 몇 년 전, 수업 준비가 지겨워졌음을 깨닫고 은퇴할 때가 되었다는 신호로 받아들였지. 2014년 6월 30일에 공식적으로 은퇴할 생각이다.

내가 자주 받는 질문이 있어. "은퇴 후 계획이 있으십니까?" 이 질문을 받으면 내가 부족하다는 생각이 든단다. 질문을 하는 사람은 나에게 마땅히 계획이 있을 거라고 전제하고 있기 때문이야. 하지만 난 아무 계획이 없다. 사실, 계획에 따라 살아 본 적이 없어. 사람들이 내게 요청하는 일을 했을 뿐이지. 은퇴한다고 해서 그동안 단단히 뿌리내린 습관들이 달라질지 모르겠구나. 은퇴해도 큰 변화가 없을 거라는 생각은 내가 참으로 멋진 삶을 선물로 받았다는 증거겠지.

은퇴와 관련한 내 삶의 다른 측면을 언급하고 싶구나. 나는 늙어 가고 있단다. 이상하게 들릴 수도 있겠다. 늙어 가는 것을 못 알아볼 사람이 누가 있을까 싶을 테니. 하지만 나의 부정하는 습관은 아주 뿌리가 깊단다. 사실, 내가 늙어 간다는 사실을 제대로 인정한 적이 없는 것 같아. 이제 나는 일흔셋이다. 사람들은 "하지만 일흔셋으로 안 보이세요"라고 말하지. 그 말은 사실일지 몰라도 내 몸은 내가 보기보다 나이가 많다는 사실을 분명히 상기시켜 준단다. 나는 지금 불평하는 게 아니야. 그저 그렇다는 거야. 늙는 것은 선물이다. 늙으면 자연스럽게 죽음에 들어갈 기회가 생길 테니까.

'자연스럽게 죽음에 들어간다'는 표현을 이 편지에 써도 될지 자신이 없구나. 너처럼 어린 사람에게는 부적절해 보이는 '심각함'을 담고 있으니. 언뜻 보면 이 말은 너의 세례 11주년 기념일에 권하고 싶은 겸손의 덕과 그다지 상관없어 보이기도 해. 앞서 말했다시피, 은퇴와 늙어 감은 내가 얼마나 멋진 삶을 선물로 받았는지 다양한 방식으로 떠올리게 한단다. 그리고 겸손은 우리에게 주어진 삶에 감사할 때 따라오는 습관적 성향이지. 그렇기 때문에, 적어도 그리스도인에게는 겸손의 덕이 다른 모든 덕에 스며들어야 해.

여기서 핵심은 "적어도 그리스도인에게는"이라는 문구야. 앞선 편지들에서 나는 덕 하나하나를 인식하고 여러 덕의 상호 관계를 파악하게 해 주는 것이 바로 한 국민의 근본적 관행을 결정하는 이야기들이라고 말한 바 있지. 예를 들어, 겸손은 플라톤이나 아리스토텔레스의 관심을 전혀 끌지 못했단다. 덕스러운 사람이 자신의 고귀한 성품과 받아 마땅한 명예를 인정해 달라고 요구하지 않는 것은 그들로선 상상할 수 없는 일이었거든. 그리스의 시각에서 볼 때, 우리가 한 일 덕분에 어떤 존재가 되고도 그것에 자부심을 느끼지 않는다면 그것은 덕스럽지 못한 처사였어. 그리스인들은 이기주의와 이타주의 사이의 긴장을 전혀 인식하지 못했단다.

플라톤주의는 분명히 기독교 사상에서 일정한 역할을 했어. 아우구스티누스는 그의 『고백록』(Confessions)에서, 플라톤주의자들이 진리를 비물질적인 것으로 찾도록 가르쳤고, 그것이 중요했던 이유는 그 덕분에 그가 보이지 않는 하나님을 알아볼 수 있었기 때문이라고 썼단다. 하지만 그런 성취 때문에 그는 자만했어. 다른 사람들에게 지혜로운 사람으로 보이고 싶었던 거야. 그는 자신의 지식에 사랑이 없었다고 고백한단다. 사랑은 "겸손의 확고한 토대인 예수 그리스도 위에"만 세워질 수 있거든. 아우구스티누스는 사도 바울의 글을 읽고 나서 자신의 오류를 깨달았어. 바울은 우리가 뭔가를 볼 수 있는 것은 오로지 은혜로 받은 선물임을 가르쳐 주었지.

아우구스티누스는 하나님이 어떻게 우리 중 하나가 되셔서 우리를 죄에서 자유롭게 하실 수 있는지 플라톤주의자들이 이해하지 못했다고 말해. 하지만 하나님의 위대한 겸손에 대한 이 궁극적 표현은 우리가 그리스도인으로서 믿는 내용의 핵심이란다. 이것은 우리의 정체성과 믿는 바가 분리될 수 없음을 의미해. 우리는 먼저 믿고 나서 겸손해지는 게 아니야. 정반대로 겸손이라는 방식으로 그리스도를 믿게 되지. 그래서 겸손이 그리스도인들의 중심이 되는 덕인 거야.

아리스토텔레스 윤리의 매력 중 하나는 우리가 인간이라는 사실과 인간 이상이 되려고 노력해서는 안 된다는 점을 인정하는 데 있단다. 일부 그리스도인들은 구원을 이루는 우리의 능력을 가볍게 여기려는 시도로 우리의 인간성에 호소하곤 해. 우리는 스스로 어쩔 수 없기 때문에 계속 죄를 짓는다는 뜻이지. 그러나 구속(救贖)은 그리스도 안에서 인간됨의 의미를 깨닫는다는 뜻이야. 그리스도의 제자가 된다는 말은 우리 삶을 그분의 삶에 맞춘다는 의미지. 그럴 때 우리는 인간 이상의 무엇이 되는 것이 아니라 더욱 인간다워진단다.

여기에는 중요한 정치적 함의가 있어. 우리를 인간 이상의 존재로 만들려는 시도가 정치적 열정이라고 여기는 이들이 박해와 심지어 살인까지 정당화하는 경우가 너무나 많거든. 위대한 정치신학자 라인홀드 니버는 정치 참여에서 겸손이 얼마나 중요한지 제대로 강조했어. 니버가 겸손을 높이 평가한 것은, 정의에 불타는 사람들이 우리가 무엇을 하는지도 모른 채 정치적 행위들을 한다는 사실을 잊어버리는 경우가 너무나 많다는 비판에 근거하고 있단다. 니버는 정치의 복잡성을 파악하지 못하는 몽상가들에 대해 몹시 비판적이었어. 그 반면, 나는 인간다운 정치를 유지하기 위해서는 겸손이 필수라고 본다. 그 겸손은 제자도로 훈련된 덕이야. 우리 중 하나가 되심으로 자신을 낮추신 분을 따라감으로써 우리는 훈련을 받지.

겸손은 그리스도인들에게 참으로 중요하면서도 이상한 덕이야. 겸손의 특성상, 겸손해지려고 노력해야 하는 사람에게는 겸손의 덕이 없을 테니 말이야. '나는 겸손하다'는 선언은 자가당착으로 드러난단다. 진실로 겸손한 사람들은 대체로 사람들의 관심을 끌지 않아. 그들의 겸손이 그것을 허락하지 않으니까. 그들은 자신의 본모습만으로 편안하기 때문에 겸손하다고 주목을 받지 못해도 개의치 않는단다. 그들이 사는 방식을 보면 자신을 증명하고 싶어 하는 강박이 없어. 결국, 겸손이라는 덕은 우리가 스스로 안심하도록 해 준단다. 겸손한 사람들이 자기만족에 빠져 있다는 뜻은 아니야. 이 말은 자신을 지금의 모습으로 만들어 준 선물들을 인정하며 산다는 뜻이란다.

다른 여러 덕의 경우처럼, 겸손의 덕도 매력적인 활동을 실천하다 보면 따라온단다. 그런 활동에 참여함으로써 우리는 미처 깨닫기도 전에 특정한 덕을 갖춘 사람이 되어 있는 거야. 나는 그리스도인들이 겸손을 매우 중요하게 여기게 되는 그리스도 중심의 맥락을 강조했지만, 우리 삶은 매일의 일과로 구성되고, 우리가 겸손해지려고 따로 노력하지 않아도 일과를 성실히 감당하다 보면 겸손을 갖추게 된다는 사실을 인식하는 것도 중요해.

라틴어를 배울 때 영문법과 많이 다른 문법을 배워야 하는 걸 생각해 봐. 하나의 언어를 익히는 데 필요한 훈련이 우리가 삶의 모든 면에서 적절히 겸손하게끔 만들어 주지는 않겠지만, 그 훈련을 통해 겸손이 어떤 식으로 습관이 되어 우리의 욕구와 판단력을 형성하는지 알 수 있단다. 라틴어를 배우는 일은 힘들어. 그래서 라틴어를 배우는 데 필요한 모든 과정을 거쳤다면 매우 만족스러울 거야. 그런데 우리는 그 일이 어떻게 이루어지는지 보여 주는 사람들에게도 감사해야 해. 감사의 중심에는 아우구스티누스가 말한 것처럼, 우리가 하는 일조차 선물이라는 사실을 인정하는 태도가 놓여 있단다.

우리 대부분은 겸손함에 대해 생각하지 않지만, 특정 상황에서는 적절한 겸손을 표현하는 방법을 안다고 생각하는 것 같아. "○○의 도움 없이는 성공하지 못했을 겁니다." 겸손의 덕을 가진 사람일지라도 다른 사람의 인간성을 부인할 정도로 과도한 기대를 품을 수도 있단다. 교만은 너무나 교묘한 악덕인지라 우리가 겸손의 덕을 가졌어도 겸손이 요구하는 자기 지식이 있는지 알아보기 어렵게 만들지. 한번은 아일랜드의 로마가톨릭 신부인 친구에게 몇몇 사제들의 성적 행동을 둘러싼 추문에 직면한 교회가 겸손을 좀 배울 거라고 생각하는지 물어보았단다. 그는 이렇게 대답했지. "어쩌면요. 굴욕이 없으면 겸손도 없으니까요." 이 말은 지나치게 강한 주장일 수도 있지만, 교만이 결정적으로 사람을 사로잡는다는 것과 결국 정신이 번쩍 들어 자기만족에서 빠져나와야만 그리스도인으로서의 삶이 제대로 펼쳐질 수 있음을 보여 준단다.

진짜 겸손과 반드시 구분해야 할 가짜 겸손들도 있어. 예를 들어, 겸손을 자기 무시(self-effacement)와 연관 짓는 것은 오류란다. 위대한 건축가 프랭크 로이드 라이트(Frank Lloyd Wright)에 대한 멋진 이야기는 겸손이 자신을 중요하게 여기지 않는다는 의미가 아님을 말해 주지. 라이트가 설계한 주택 지붕에 물이 새서 소유주들이 설계상 하자를 문제 삼아서 그를 고소한 일이 있어. 라이트는 증인석에 서서 신원을 밝혀야 했지. 그는 이렇게 선언했어. "세계 최고의 건축가 프랭크 로이드 라이트입니다."

증언을 마친 후, 라이트는 담당 변호사가 앉아 있는 자리로 돌아왔어. 변호사는 과대평가로 보이는 라이트의 발언에 실망을 토로했지. 이제 배심원단은 라이트가 오만하다고 생각할 테고 그것은 그를 변호하는 데 도움이 안 될 거라고 지적하면서 말이야. 라이트는 대답했어. "내가 뭘 어쩌겠소? 난 선서하고 증언한 거요. 진실을 말해야 했으니까." 라이트는 대체로 겸손과는 거리가 있었지만, 겸손과 진실함이 분리될 수 없다는 점은 제대로 이해했던 거야. 겸손하기 위해서는 자신을 제대로 보고 자신이 누구인지 진실하게 평가해야 한단다.

그래서 진실한 자기 지식은 겸손의 덕에서 가장 중요해. 겸손한 사람은 지식인이어야 한다는 말이 아니야. 아우구스티누스는 힘들게 얻은 지식이 일종의 교만을 낳을 수 있다고 보았어. 그와 반대로, 사람은 자기가 받은 대로만 행동할 수 있다는 인식이 겸손이라는 덕의 기반이 된다고 생각했지. 내가 말한 대로, 진정 겸손한 사람들은 스스로를 편안하게 받아들인단다. 그들은 누구와 어울리든 상대의 존재를 인정해. 그러니 다들 함께 있고 싶어 하지. 그들의 겸손은 공공선을 위한 공통의 임무에 합류하라는 초청과 같아.

겸손이 공통의 삶을 가능하게 하는 덕이라는 사실은 유머와 겸손 사이에 본질적 관계가 있음을 말해 준단다. 겸손한 사람은 자신을 비웃을 줄 아는 사람이라고 흔히들 생각하는데, 그 말에도 일리가 있지만 유머와 겸손의 관계는 훨씬 더 심오해. 테드 코언(Ted Cohen)은 『농담 따먹기에 대한 철학적 고찰』(*Jokes: Philosophical Thoughts on Joking Matters*, 이소출판)이라는 멋진 책에서 농담이 통했을 때 찾아오는 만족감, 말하는 사람과 듣는 사람을 이어 주는 이유는 그 농담으로 그들이 공통의 세계에 들어섰음을 인식하게 되기 때문이라고 썼어. 특히, 농담은 말하지 않은 많은 부분에 의지하지. 우리는 농담을 통해서만 서로의 공통점을 인식하고, 그것은 서로가 공유하는 웃음으로 표현돼.

코언은 '친밀함'이라는 용어로 농담이 공통의 반응을 불러일으킬 때 벌어지는 현상을 묘사했어. 농담이 전제하고 만들어 내는 친밀함은 공통의 믿음, 성향, 선입견, 선호, 느낌들로 구성된 공동체 의식이지. 그래서 농담을 한다는 건 서로 더 잘 이해할 수 있기를 바라며 상대방에게 다가가는 행위임을 알 수 있단다. 농담은 우리가 모종의 공통점을 찾을 수 없을 만큼 다르지 않음을 인식하도록 도와준다는 것이 핵심이야.

내가 너에게 겸손의 덕을 갖추는 데 있어 유머가 중요하다고 말하는 이유는 너의 나이 때문이란다. 이제 너는 유머랍시고 잔인한 말을 일삼는 나이가 되었어. 농담은 스스로를 지킬 수 없는 사람들을 폄하하는 데 쓰일 수 있단다. 너도 앞으로 젊은이들이 '내부'인과 '외부'인을 확실히 하고 싶은 마음에 '외부'인들을 향해 경멸적 유머를 쓰는 모습을 발견하게 될 테지. 영국에서 소위 '이민자들'에 대한 고정관념을 만들어 내는 농담의 용도가 바로 여기에 해당해. 유머를 무기로 사용하는 사람은 극도로 불안정한 사람이란다.

물론, 겸손과 유머의 관계는 '느슨'하지. 겸손한 사람이 반드시 유머 감각이 있지는 않거든. '유머 감각이 있다'는 말은 천성적으로 유머 감각이 있는 사람과 없는 사람이 따로 있다는 말이기도 해. 이와 비슷하게, 어떤 사람들에게는 겸손이 자연스럽게 주어지고 또 다른 사람들에게는 그렇지 않다고 생각하는 이들이 있어. 유머 감각과 겸손이 '자연적'인 성향이라는 생각은 이해할 만해. 내가 말한 대로, 겸손해지려는 노력은 자가당착으로 보이니까 말이야. 재미를 위해 열심히 노력하는 것도 마찬가지야. 재미를 만들려고 필사적으로 노력하는 사람들과 함께 있는 일은 고역이잖아.

그래도 여전히 겸손과 유머는 익혀야 할 습관이고 좋은 삶에 꼭 필요한 덕이란다. 내가 이 편지에서 주로 겸손에 초점을 맞추는 이유는 네가 유머에도 관심을 보였으면 해서였던 것 같아. 어린이와 겸손을 연관 짓는 경우는 드문데, 어린이는 오래 살지 않았으니 교만해질 위험이 없다고 가정해서지. 하지만 그런 가정이 과연 옳은지 의심스럽구나. 나는 교만이 나처럼 나이 든 사람은 물론이고 젊은이들의 삶도 위협한다고 생각해. 겸손과 유머의 관계를 거론하는 이유는 이거야. 네가 그 공동체적 특성의 도움을 받아서 그 둘의 기반이 되는 자기 지식을 길렀으면 한단다.

이 대목에서 결국 내가 출발한 지점, 즉 (더없이 겸손하게 말한다는 평을 듣는) 나에게로 되돌아오게 되는구나. 나는 겸손한 사람이라는 말을 듣는단다. 그 말이 사실인지 아닌지는 모르겠어. 하지만 학계에서 나만큼 많은 논문을 쓴 사람들은 스스로를 중요한 존재로 받아들이고 다른 이들도 자기를 그렇게 여기도록 기대할 권리를 부여받았다고 생각하는 게 사실이야. 하지만 나는 내가 그렇게 중요한 사람이라는 생각이 들지가 않더구나.

내가 스스로를 대단하게 여길 수 없는 이유는 한편으로는 내 배경 탓이지 싶다. 노동 계층 출신인 나는 자기 손으로 직접 일하는 사람들보다 우위에 있다고 생각하는 박식한 상류층 사람들을 늘 불신했어. 그래서 성공한 학자로서 내 몫을 주장하지 않는 이유가 겸손의 덕을 가졌기 때문이라고 말하기는 힘들 듯하구나. 그보다는 살아남기 위해 고된 일을 열심히 해야 하는 상황이 무엇인지 모르는 이들에 대한 적개심 탓이지 싶다.

나의 '겸손'은 평생의 대부분을 보낸 대학 세계에 내가 속하지 않는 것 같다는 느낌의 표현이라는 생각도 들어. 나는 저명한 학자들이 하는 것과 같은 연구를 수행할 학문적 기술을 일찍부터 습득했다고 느끼지 못했단다. 그래서 언제나 배워야 할 것만 같은데, 이것이 내게는 좋은 결과를 안겨 주었어. 이런 부담이 내 분야에서 연구를 선도할 수 있게 도와주었거든. 하지만 불안과 겸손은 같지 않단다. 달리 표현하자면, 보다 근본적 불안을 표출하는 겸손은 겸손이 아니야.

그럼에도 나는 멋진 인생을 살았어. 좋은 일거리를 받았고, 그 일을 함께할 좋은 친구들이 주어졌지. 그래서 겸손의 덕이 나에게 조금이나마 있다면, 그것이 내게 주어진 인생에 대한 진심어린 감사에서 나온 것이기를 바란다. 그 인생이 내게 아우구스티누스를 읽을 기회를 주었고, 그가 나를 구세주께 이끌었으며, 구세주께서는 우리가 겸손한 백성이 되기를 바라시니까 말이야. 진리를 엿볼 수 있게 해 주는 인생을 살다니 얼마나 멋지냐. 이것을 생각하면 나는 겸허해진다.

나는 네가 어른이 되고 있다고 생각하고 편지를 썼단다. 너는 이렇게 묻고 싶을 거야. "왜 내가 아우구스티누스를 읽어야 하는 거죠?" 이것이 내가 지금의 너보다 더 높은 수준에서 편지를 쓰는 것을 미안해하지 않는 이유란다. 네가 질문하는 기술을 습득하고 있는지 알아보는 나만의 방식이지. 나로선 내 인생이 그랬던 것처럼 너의 인생도 즐거운 것이 되기를 바랄 뿐이야. 우리는 둘 다 아주 "운이 좋았어." 우리가 그것을 당연하게 여기는 일이 없기를 바란다.

평화와 사랑을 담아
스탠

절제

~ 세례 12주년 기념일 ◦ 2014년 10월 27일 ~

로리에게

시간이 빨리도 지나가는구나. 적어도 나는 그렇게 느껴진다. 내가 곧 일흔넷이 된다니 믿기지 않아. 네가 이제 십대가 된다는 것도 믿기지 않는구나. 너는 인생을 앞두고 있고, 나는 인생을 등지고 있는 셈이지. 내가 할 일 없이 생활한다는 뜻은 아니란다. 내게 풍부한 삶이 남아 있기를 바란다. 그것은 그동안 어떤 인생을 살아왔는지에 따라 정해질 일이겠지. 이 뻔한 이치는 그리 흥미롭지 않지만, 너의 세례 12주년을 맞아 너에게 권하고 싶은 절제의 덕과 무관하지 않은 듯하구나.

이 시점에서 너에게 절제의 덕을 권하다니 이상하게 보이겠지. 너는 겨우 열두 살이잖아. 대부분의 사람들은 아직 너에게는 절제의 덕이 필요한 때가 아니라고 생각할 것 같아.

하지만 나는 삶의 모든 단계에서 여러 덕이 필요하다고 생각한단다. 물론 나이에 따라 덕이 다르게 보일 수 있기는 해. 서른 살의 나와 지금의 나에게는 절제하는 사람으로 산다는 의미가 분명 다르거든.

앞으로 네가 듣게 될 가장 어려운 질문 중 하나는 "너는 무엇을 원하니?"일 거야. 이 사실을 너도 곧 깨닫겠지. 우리는 우리 스스로 무엇을 원하는지 안다고 생각하지만, 내가 볼 때 이 생각은 틀린 경우가 아주 많아. 우리 삶은 반복되는 일상으로 매일 이어지지. 그것은 나쁜 일이 아니지만 우리 삶이 그렇게 결정되어 버리면 자신이 정말 무엇을 원하는지 자문하지 않게 될 수 있어. 여기서 절제의 덕이 의미심장해진단다. 절제는 우리의 욕망을 형성하는 덕이기 때문이야. 이 이상한 말의 의미를 설명해 보마.

절제의 덕이 필요한 이유는 우리의 삶이 욕망으로 이루어지기 때문이야. 그런데 이 사실을 놓치기가 쉽단다. 우리를 우리로 만드는 것이 무엇인지 인정하기가 어렵거든. 그것은 우리와 너무 밀착해 있기 때문에 우리는 우리 행동의 진짜 이유를 이해하지 못해. 예를 들어, 우리는 우리 자신이 살고 싶어 한다는 사실을 잘 인식하지 못하잖니. 그것은 그 욕망이 한결같고 근본적인 욕망이기 때문이야.

우리가 하는 가장 기본적인 일들이 우리의 생존 욕구를 반영한다는 사실도 잘 알아채지 못하지. 먹는 것은 기본적인 일 중 하나지만, 종종 우리 삶에서 절제를 발휘해야 할 측면이기도 해. 사실, 먹는 일은 너무나 기본적이어서 나는 "왜 내가 도덕적으로 행동해야 합니까?"라는 질문을 받으면 이렇게 대답하곤 한단다. "먹는 것 좋아하세요?" 우리는 먹어야 살 수 있고 그 필요는 우리를 온갖 복잡성과 즐거움이 가득한 삶으로 끌고 들어가지. 무엇을 먹어야 할까? 얼마나 자주 먹어야 할까? 얼마나 많이 먹어야 할까? 절제하는 사람은 올바른 것을 올바르게 먹는 데서 즐거움과 기쁨을 얻는단다.

내가 욕망 형성에서 절제의 중요성을 강조하는 이유는, 사람들이 흔히 절제를 욕망의 억압이나 부정과 연관 짓기 때문이야. 특히 일부 유형의 기독교에서 그런 모습을 볼 수 있고, 그런 유형이라고 하면 아주 부당하게도 대부분 청교도를 떠올리지. 모든 즐거움이 잘못이라고 생각하는 사람들을 묘사할 때 '청교도적'이라는 단어가 쓰이는 이유도 여기 있어. 많은 사람이 자신의 열정과 욕망을 **통제할** 필요가 있다고 믿는 사람들을 청교도라고 생각하지. 그런 사람들은 종종 조롱의 대상이 되지만, 열정이 혼란스러워지면 우리의 삶이 생각보다 빨리 쇠락할 수 있다는 그들의 말은 옳단다. 그러나 '통제' 같은 말은 절제의 덕으로 욕망을 형성하라고 말하지 않고 욕망을 억압하라고 말한다는 단점이 있어. 통제와 형성은 아주 다르고, 이 차이점을 잘 이해해야 한단다.

사실, 열정을 통제해야 한다는 생각은 문제가 있어. 이런 생각은 흔히 우리의 욕망이 우리를 통제하는 불행한 결과로 이어지거든. 순전한 의지력을 발휘해서 세상을 통제하려는 방식으로는 우리의 욕망을 조절할 수 없어. 이런 시도의 바탕에는 두려움이 있고, 두려움에 굴복하면 영락없이 믿음이 약해지고 덕의 생명력도 약해진단다. 그래서 그리스도인들은 통제가 안 되는 상황에서도 신실하게—덕스럽게—살 수 있는 방법을 배워야 해. 그리스도인답게 사는 일의 핵심이 하나님 사랑, 이웃 사랑인 이유지. 사랑하고 사랑받는다는 것은 우리가 통제 불가능한 존재라는 뜻이고, 이것은 무서운 일이야. 절제의 덕은 우정과 공동체를 향한 욕망을 가능하게 만들어서 우리의 두려움을 꺾는단다. 그리고 지혜는 서로 간의 평화로운 관계를 위협하는 두려움을 직시할 수 있게 해 주지.

유대교 전통에서는 랍비들이 모든 적법한 쾌락을 누리지 못한 사람들을 하나님이 엄하게 심판하실 거라고 말한다더구나. 물론, 무엇을 적법한 쾌락이라고 여기는지가 중요하겠지만, 랍비의 진술은 절제를 이해하는 최선의 방법이 무엇인지 잘 표현한 듯해. 절제한다는 말은 우리에게 즐거움과 기쁨을 주어야 할 것에서 즐거움과 기쁨을 얻는다는 의미야.

물론, 욕망은 이것 혹은 저것을 원하는 것만이 아니야. 내가 말한 대로, 욕망은 삶 자체의 다른 이름이란다. 아리스토텔레스는 이 말이 사실이라고 암시하는 듯, 모든 사람은 행복해지길 원한다는 말로 『니코마코스 윤리학』을 시작해. 아리스토텔레스는 많은 사람이 자신을 행복하게 해 줄 거라고 잘못 생각하는 것들의 목록을 제시한 후에, 행복한 삶은 온전한 삶에 있는 온전한 덕 가운데 하나라고 주장하는데 나는 그가 옳다고 봐. 우리는 행복하기를 바라지만, 아리스토텔레스에 따르면 그 욕망은 덕으로, 특히 절제의 덕으로 훈련을 받아야 해. 절제는 올바른 것들을 올바르게 원하는 습관을 익히게 하는 덕이기 때문이지.

아리스토텔레스의 생각은 행복해지고 싶은 욕망에 대한 많은 기독교적 이론에 영향을 끼쳤단다. 그러나 그리스도인들에게 이 욕망이 채워지려면 아리스토텔레스가 상상했던 것 이상이 필요해. 그리스도인은 행복해지고 싶은 욕망이 채워지려면 하나님을 향한 갈망이 채워져야만 하는 이들이거든. 우리는 하나님을 즐거워하기 위해 창조되었고, 하나님은 우리를 친구로 삼기 원하시지. 하나님을 즐거워한다는 것은 간단히 말해 하나님이 우리 안에 기쁨을 두셔서 우리가 그분을 즐거워할 수 있게 만드셨음을 인정하는 거야. 우리가 주님을 사랑하는 이유는 그분이 먼저 우리를 사랑하셨고 그분의 영광을 반영하여 우리를 만드셨기 때문이야. 절제의 덕은 우리가 기탄없이 하나님을 즐거워할 수 있게 해 준단다.

행복해지고 싶다는 그리스도인들의 욕구를 가장 잘 이해하는 방법은 사랑받고 싶다는 욕구로 이해하는 거라고 생각해. 우리는 사랑으로 창조되었고, 서로 사랑하고 사랑받지 못하면 심리적으로 또는 말 그대로 죽을 수 있어. 사랑은 우리가 아는 가장 기본적 욕구란다. 사랑의 요구가 없는 삶은 살 만한 가치가 없을 거야. 하지만 사랑하고 사랑받고 싶은 욕구 때문에 비참해질 수도 있어. 제대로 사랑하지 못하는 경우가 정말 많거든. 엉뚱한 사람들을 잘못된 방식으로 사랑하고, 사랑받아 마땅한 이들을 사랑하지 않는 경우가 얼마나 많은지 몰라. 절제의 덕은 기쁨을 빼앗는다고 자주 오해를 받지만, 사실 절제의 덕은 올바른 것들을 올바르게 사랑하도록 우리를 빚어 준단다.

좋은 삶을 위해서는 절제가 너무나 중요해. 절제는 늘 사추덕의 하나로 꼽혔지. 나는 지혜, 용기, 절제, 정의가 인내 같은 덕보다 더 기본적인 덕이라고 생각한 적은 없단다. 하지만 잘 사는 삶을 위한 절제의 중요성은 부인할 수 없구나. 적어도 아리스토텔레스에게 절제는 현명한 결정과 판단을 내리는 능력을 갖추는 데 중대한 덕이지. 한마디로, 절제는 실제적 이유들 때문에 필요해. 잘못된 욕망이나 제멋대로인 열정의 마법에 걸려 있으면 올바른 판단을 내릴 수 없거든. 절제의 습관을 익히려면 우리 삶은 이성의 지배를 받아야 한단다. 하지만 이성 자체가 일종의 욕망이라는 사실을 기억해야 해. 이 사실은 모든 것이 좋은 삶과 이어져 있다는 점을 상기시켜 주지.

    이번 편지의 첫머리에 나는 네가 받게 될 가장 부담스러운 질문 중 하나가 "너는 무엇을 원하니?"임을 곧 깨닫게 될 거라고 썼지. 이 질문은 깊이 생각할 필요 없이 대답할 수 있는 간단한 질문처럼 보여. 하지만 너는 이 질문이 아주 어렵다는 사실을 알게 될 거야. 우리 대부분은 자신이 정말 무엇을 원하는지 잘 모르잖니. 그래서 우리는 흔히 자신이 원하는 것을 잘못 규정하고, 그 결과로 비뚤어진 삶을 맞이해. 절제의 덕은 우리의 욕구가 올바로 빚어질 때 우리가 무엇을 원하는지 발견할 시간을 준단다. 내가 너에게 권했던 많은 덕의 경우처럼, 매우 흥미로운 활동을 열심히 하다 보면 그 과정에서 올바른 것들을 올바르게 원하는 능력에 필요한 인내를 자기도 모르게 습득하게 되고 절제가 습관이 될 거야.

네가 십대에 접어드는 이 시점에서 절제에 주목하길 바란 이유는 젊은 사람들이 욕망의 바다에 떠 있다고 생각해서야. 그들은 너무 많은 '물건'을 원하고, 자신이 원하는 것을 반드시 가져야 한다고 생각하는 듯해. 하지만 종종 그들이 원하는 것은 진정으로 욕망하는 대상이라기보다는 단지 친구의 것에 불과할 수도 있단다. 끝없는 모방적 소비를 매개로 사람들의 관계는 이루어지지. 그들에게 공동체는 같은 물건을 바라는 이들의 다른 이름인 거야. 그리고 자신이 구입하는 물건으로 정체성을 찾으려는 젊은이들의 시도를 많은 사람이 적극적으로 착취하지. 공동체의 핵심은 모두가 비슷한 물건을 소유하는 것이라고 말하는 음험한 소비제일주의 정신에 저항할 몇 가지 방법을 절제의 덕이 너에게 제공하면 좋겠구나.

나에게는 알래스데어 매킨타이어라는 철학자 친구가 있단다. 그가 아리스토텔레스의 절제관에 대해 멋진 에세이를 한 편 썼지. 그는 그리스어로 절제에 해당하는 '소프로시네'가 우리를 형성한다면, 우리가 원한다고 생각하는 많은 것이 사실은 탐욕의 표현일 뿐임을 발견하게 될 거라고 주장했어. 그래서 우리가 절제의 덕을 실천하려 할 경우, 더 낮은 생활수준을 받아들여야 할 수도 있단다. 매킨타이어의 지적은 아주 중요한데, 절제에는 우리가 아는 세계에서는 이해할 수 없는 정치학과 경제학이 따라온다는 점을 분명하게 드러냈기 때문이야.

내가 편지 첫머리에서 우리가 인생의 다른 단계에 있다고 지적한 이유가 있어. 너는 곧 "너는 무엇을 원하니?"라는 질문에 직면할 거란다. 그보다 더 부담스러운 질문이 있어. "너는 네 삶에서 무엇을 얻기 바라니?" 그런데 이 질문들에 답하는 일은, 준비된 이후에 해도 된다고 절제는 말하지.

하지만 이 질문들은 나도 받는 질문이자 내가 자문해야 할 질문이야. 늙어 가는 나는 무엇을 원할까? 좋든 싫든—대체로는 싫단다—나는 늙어 가고 있어. 내게 이 말은 십 년 전에 갖고 있던 에너지나 힘이 없다는 뜻이야. 내 몸은 인정하고 싶지 않을 만큼 아픈 데가 많단다. 더 이상 달릴 수 없고 운동이 더 어려워졌어. 이번에도 불평하는 건 아니야. 있는 그대로의 상황을 묘사하고 있을 뿐이지.

그러면 늙어 가는 상황에서 나는 무엇을 원할까? 아주 충만한 인생을 살아온 내가 일흔네 살이 되었을 때 도대체 무엇을 원하거나 바랄 수 있을까? 오래오래 우리 집 마당의 풀을 깎을 수 있으면 좋겠구나. 이 정도 야망이면 어떠니? 잔디 깎기는 육체에 만족을 주는 일이야. 잔디를 깎고 나서 나는 혼자 이렇게 생각하지. '이 일은 정말 멋지구나.' 난 이것이 우리

절제 Temperance

의 욕망을 형성하는 데 몸이 얼마나 중요한지 보여 주는 좋은 예라고 생각해. 습관은 신체적인 것이고 욕망도 그렇지. 잔디 깎기는 내가 계속하고 싶은 여러 활동을 포함하고 있지만 내가 가장 바라는 건 그런 활동들이 아니야.

나는 더없이 운이 좋은 사람이었다. 남편, 아버지, 교사, 친구로서 유용한 할 일들을 받았지. 하지만 나는 계속 유용한 사람으로 남기를 원하고 바란단다. 힘이 닿는 한 하나님이 피조 세계를 돌보시는 일에 모종의 역할을 감당하고 싶거든. 나 스스로를 절제의 덕의 귀감이라고 생각한 적은 없지만, 끝이 점점 가까워지는 지금에 와서는 내가 바라는 바가 하나님을 거리낌 없이 사랑한다는 것이 무엇인지 보여 주는 한 사례가 되면 좋겠구나. 내가 그랬던 것처럼 너도 열정과 갈망이 가득한 삶을 갖게 되기를 바랄 뿐이다.

평화와 사랑을 전하며
스탠

너그러움

~ 세례 13주년 기념일 ○ 2015년 10월 27일 ~

로리에게

우리가 헤어진 지 시간이 좀 되었구나. 너와 네 가족이 떠나고 3년이 넘게 흘렀어. 아직도 너거들(y'all, 미국 남부의 표현이야)이 사무치게 그립다. 네 아버지와 나는 가끔 전화로 서로의 근황을 묻는단다. 네 아버지는 네가 어떻게 지내고 학교생활은 어떤지 자주 이야기해. 하지만 그 정도로는 너를 '그려 보기'에 충분하지가 않구나. 신체적·정신적으로 크게 자라 버린 네 모습을 보면 틀림없이 깜짝 놀랄 거야. 네 모습이 잘 그려지지 않으니 너그러움의 덕을 권하면서 어떻게 하면 보다 구체적으로 쓸 수 있을지 잘 모르겠다. 뒤에서 설명하겠지만, 지금이 너그러움을 권하기에 적절하다고 생각하는 이유 중 하나는 너그러움의 덕이 있으면 몸이 떨어져 있어도 서로

너그러움 Generosity 183

를 이해할 수 있기 때문이란다.

    너그러움에 대해 더 말하기 전에, 내가 어떻게 지내는지 조금 이야기하마. 은퇴한 지 2년이 지났지만 나는 아직도 상황 파악이 안 된다. 아니, 좀더 자세히 말하면 계속 이렇게 자문하고 있어. '난 은퇴했는데 마감 시간이 정해진 일거리가 왜 이렇게 많지?' 답은 분명해. 거절할 줄 몰라서 그래. 그러니 은퇴를 하지 못하는 것은 내 잘못이지. 그래도 은퇴를 위해 계속 노력할 생각이야. 이런 건 당연히 할 수 있어야 할 것 같지만, 우리는 스스로도 이해하기 힘든 이상한 동물들이잖니. 예를 들어, 나는 이런 생각을 계속해. '나는 언제나 어른이 될까. 어른이 되면 그 사실을 어떻게 알까?' 이래 봬도 내 나이가 일흔넷이란다. 이 정도 나이면 뭔가 있지 않을까.

    좋은 한 해였지만, 열여덟 살 된 고양이 이든이 죽어서 폴라와 나는 아주 슬펐단다. 이든은 영리하고 애교 많은 사랑스러운 고양이였어. 열여덟 살이면 고양이로서는 아주 많은 나이야. 고양이는 나이가 들면 신장이 망가져. 이든의 신장도 망가졌지만, 그래도 살려고 계속 노력하는 모습을 보여 주었지. 마치 이렇게 말하는 듯했어. "당신들은 나를 사랑해 주었어. 나도 당신들을 사랑해. 당신들 곁을 떠나기 싫어." 이든이 죽음과 싸우는 모습을 보면서 나를 보는 것만 같았단다. 나도 더 이상 젊지 않으니까. 내게도 죽음은 이론적 가능성이 아니라 현실이라는 사실을 깨닫기 시작하는 거지. 이든의 남동생 엔다는 아직 살아 있지만 무슨 일이든 아주아주 천천히 한단다.

내가 고양이 이야기를 꺼낸 이유는 녀석들의 삶에서 도움을 받아 너그러움의 의미를 배우고 드러낼 수 있다고 생각해서야. 동물들은 우리와 삶을 공유하고 싶어 하는 갈망이 있으니 '자연적으로' 너그럽다고 할 수 있겠지만, 그렇다고 해서 녀석들의 너그러움이 갖는 중요성이 줄지는 않아. 나는 네가 멋진 개 코니의 너그러움을 계속 기억할 거라고 확신해.

물론 우리도 동물이기에 '자연적으로' 너그러워. 하지만 우리의 자연적 너그러움은 개나 고양이의 그것과는 달라. 이런 상황에서는 우리가 너그럽기 위해 노력할 필요가 없을 때, 자타가 믿고 기댈 수 있는 방식으로 우리의 너그러움이 표현되지 않을 수 있다는 점이 문제란다. 그래서 너그러움의 문제는 이렇게 바뀌지. 너그러울 수 있는 자연적 경향을 너그러운 사람이 되게 하는 습관으로 바꾸려면 어떻게 해야 할까? 모든 사회에는 가난한 사람을 위해 기부하는 것처럼 너그러운 행위로 생각되는 모종의 행위가 있어. 그런데 이런 행위가 좋은 일임은 분명하지만, 그렇다고 주는 사람이 정말 너그러운 사람이라는 보장은 없지.

너그러운 행동을 한다고 해서 반드시 너그러워지지는 않는다는 말은 너그러움의 의미를 골똘히 생각할 필요가 있다는 뜻이야. 너그러운 사람이라면 그 특성이 너그러운 행동으로 드러나겠지만, 너그러움의 덕은 선물을 건네는 것보다 더 의미가 깊단다. 너그럽다는 것은 삶에 대해, 특히 다른 사람들에 대해 환영하는 성향을 지니는 거야. 너그러운 사람은 환대의 사람으로서 자신의 삶을 다른 사람들과 기꺼이 나누고, 더 중요하게는 다른 사람들이 삶을 나눌 때 받을 줄 안단다. 이것은 쉬운 일이 아니야. 낯선 사람을 환영하고 자매나 부모나 배우자처럼 가깝게 받아들이는 일은 우리의 자아상과 우리의 너그러움까지 위협하거든.

그래서 너그러우려면 큰 용기가 필요해. 우리 삶은 종종 의식하지 못한 두려움에 휘둘리니까 말이지. 이것을 인식하는 일은 매우 중요하단다. 자신의 두려움을 인정하면 자기 정체감에 의문이 들 수 있거든. 이 두려움에 용감하게 직면하고 자신이 참으로 누구인지 결정할 수 있을 때 비로소 진짜 너그러울 수 있어. 그래서 너그러운 사람은 곧 용감한 사람이야. 용기는 잘 살기 위해서 필요한 중대한 자기 확신을 갖는 데 도움이 된단다. 용감한 사람은 타자를 알아 가는 모험을 감수하는 방식으로 자기 지식을 드러낼 거야.

그래서 나는 너그러움은 상상력을 발휘하여 다른 사람들의 경험과 삶에 참여할 수 있는 능력이라고 생각해 보라고 말하고 싶구나. 너그러운 사람은 공감할 줄 아는 사람이라고 생각할 수 있지. 나는 공감은 너그러움의 열매 중 하나고, 너그러움은 공감보다 더 기본이라고 확신해. 공감할 줄 안다고 해서 반드시 너그럽지는 않지만, 너그러운 사람은 대체로 공감할 줄 알거든. 너그러운 사람은 대가를 계산하지 않고 다른 사람들에게 자신을 내준단다.

너그러움이 우리 삶에 얼마나 널리 퍼져 있고 중요한지 놓치기가 아주 쉬워. 나는 작가가 우리에게 이야기를 선물로 주어서 다른 사람의 삶으로 들어오라고 초청할 때, 거기에 너그러움이 있다고 생각해. 소설가들은 자신이 창조하는 등장인물들이 "자신의 손아귀에서 빠져나가" 계획하지 않았던 일들을 한다고 종종 말하지. 자신이 만들어 낸 캐릭터를 통제할 수 없는 작가의 경험은 삶 자체의 예시란다. 너그러움의 덕은 우리가 통제 상태에서 벗어나 다른 이들의 삶에 열려 있게 만들어. 그 '다른 이들' 중에는 개와 고양이도 있을 테지.

작가들이 등장인물들을 창조하면서 너그러움의 훈련을 받는다면, 우리에게는 그들이 쓴 글을 읽는 행위가 너그러움을 배우는 방법 중 하나일 수 있을 듯하구나. 읽는 행위는 우리 자신에게서 빠져나와 다른 삶을 상상하는 거야. 너그러움의 큰 적은 이기심이 아니라 자기도취란다. 그리고 자기도취는 우리를 완전히 사로잡기 때문에 이기심보다 자기도취를 상대하기가 훨씬 더 어렵지.

내가 기독교적 덕으로서의 너그러움에 대해 한마디도 안 했음을 눈치챘을지 모르겠다만, 나는 너그러움이 그리스도인으로 사는 일의 핵심에 해당한다고 믿는단다. 하지만 너그러움에 대한 내 말이 그리스도인이 아닌 이들에게도 도움이 된다고 생각해. 그리스도인들은 이러한 사실을 놀랍게 여겨서는 안 돼. 우리는 하나님을 그분의 사랑을 믿는 이들뿐 아니라 그분을 인정하지 않는 이들까지도 사랑하시는 너그러운 분이라고 믿으니까 말이야. 창조 행위 자체가 각 사람을 존재하게 하고, 또 존재하는 모든 것을 보존하는 사랑에 참여할 소명을 부여하는 너그러운 행위잖니.

사도 바울이 쓴 고린도후서야말로 너그러움의 중요성을 그리스도인들에게 가장 분명하게 드러내 준단다. 교회가 줄곧 그랬듯이 고린도의 교회도 엉망진창이었어. 바울이 볼 때 고린도 교인들은 하나님이 틀림없이 싫어하실 행동을 하기로 작정한 것 같았지. 바울은 그들에게 보낸 두 번째 편지에서 회개를 촉구했어. 그리고 예루살렘 교회의 가난한 사람들에게 구제 헌금을 보내도록 설득할 수 있기를 바라며 너그러움의 중요성을 깊이 이야기했지. 특히 그는 고린도 교인들에게 마게도냐 교회들의 사례를 제시했단다. "환난의 많은 시련 가운데서 그들의 넘치는 기쁨과 극심한 가난이 그들의 풍성한 연보를 넘치도록 하게 하였"(고후 8:2)기 때문이야.

이 구절의 멋진 점은 바울이 마게도냐 교인들의 극심한 가난을 "풍성한 연보[풍성한 너그러움]"와 연결시킨다는 데 있단다. 여기서 바울은 너그러움이 남는 것의 일부를 주는 것이 아님을 당연한 듯 전제해. 마게도냐 교인들은 아주 가난했단다. 바울에 따르면 그들이 너그러울 수 있었던 이유는 "그들이 먼저 자신을 주께 드리고 또 하나님의 뜻을 따라 우리에게 주었"(고후 8:5)기 때문이야. 바울은 이 사례를 제시한 후에 고린도 교회 사람들에게 "이 은혜로운[너그러운] 활동에서도 뛰어"(고후 8:7, 새번역)나기를 권하지.

그러나 바울은 바로 이어서 예루살렘 교회에 구제 헌금을 하라고 명령하는 것은 아니라고 말해. 바울은 다음과 같은 말로 그들의 사랑의 진정성을 시험한단다. "우리 주 예수 그리스도의 은혜[너그러운 행하심]를 너희가 알거니와 부요하신 이로서 너희를 위하여 가난하게 되심은 그의 가난함으로 말미암아 너희를 부요하게 하려 하심이라"(고후 8:9). 나는 이 구절

너그러움 Generosity

에 성육신 교리로 알려지게 된 가장 강력한 진술 하나가 담겨 있다고 믿는다. 부유하시고 온전히 하나님이신 분은 우리가 두려움의 지배를 받지 않게 하시려고 온전히 인간이 되셨어. 우리 때문에, 곧 우리를 위해서였지. 두려움의 지배를 받으면 자기 문제에만 몰입해서 고립되고 외로운 신세가 되고 말아. 이런 점에서 성육신은 이 외로움을 압도하는 하나님의 너그러움인 거야.

우리가 우리 중 하나가 되신 바로 이런 하나님이 만드신 피조물이라는 사실은 무엇을 의미할까? 우리는 결핍에 시달리는 세계에 살지 않는다고 믿는 백성이라는 뜻이야. 우리 주님은 풍요로운 분이고, 타자를 향한 그분의 사랑에 힘입어 우리도 다른 이들을 사랑할 수 있게 된단다. 우리는 너그럽기 위해 필요한 모든 것을 받았기 때문에 줄 수 있(고 받을 수 있)어. 제단에서 우리의 헌금을 받을 때 목사는 흔히 "오 주님, 모든 것이 주께로부터 왔습니다"라고 말하지. 그러면 우리는 이렇게 응답해. "주의 손에서 받은 것을 주께 드렸습니다." 짧게 주고받는 이 고백에 우리가 말해야 할 모든 것, 곧 우리가 받은 것만 바칠 수 있다는 사실이 담겨 있단다.

앞에서 말한 대로, 이 부분은 바울 서신에서 주목할 만한 대목이야. 여기서 성육신의 너그러움과 우리가 너그러운 백성이 된다는 말의 의미가 어떤 긴밀한 연관이 있는지 바울이 끌어내고 있거든. 바울은 고린도 교인들이 긍휼을 행하도록 설득하려 하지만, 그는 그런 행위가 근본적으로 너그러운 자아를 반영해야 한다고 생각했어. '근본적으로'라는 말은 우리가 선물의 백성이 되어야 한다는 의미란다. 너그럽게 행동할 수 있는 백성이 되는 동시에 다른 이들의 선물을 기꺼이 받을 수 있는 너그러움도 갖추어야 한다는 거지. 대체로 우리는 이런 선물을 받을 준비가 되어 있지 않단다. 주도권을 쥐고 싶은 우리의 욕구를 이 선물이 위협한다고 생각하니까. 이 사실을 반드시 기억해야 해.

이번 편지는 내 멋대로 평소보다 더 어렵게 썼구나. 과거의 편지들이 내용을 단순화시켰다는 말은 아니야. 그래도 네가 얼마 후에는 이 정도 수준의 글과 사고를 감당할 수 있게 될 거라 믿는다. 너는 아직 어리지만 곧 나이가 들겠지. 나이가 들면 '어른 노릇'이라 부르는 복잡한 도전 과제를 맞게 될 테지. 내가 해 줄 수 있는 조언이 있다면 그건 아주 간단하단다. 너의 삶은 여러 너그러운 사람들 덕분에 가능했어. 그들을 모방하기를 두려워하지 말려무나.

평화와 사랑을 전하며
스탠

믿음

~ 세례 14주년 기념일 ○ 2016년 10월 27일 ~

로리에게

우리가 얼굴 본 지가 1년도 더 넘은 듯하구나. 그래도 네 어머니 아버지가 네 소식을 자주 알려 주신단다. 지금 너는 기숙 학교에 있고 그곳에서 행복하게 지낸다지. 잘 지낸다니 기쁘다. 생활의 중심이 집에서 학교로 바뀌었다는 사실은 대단한 일이야. 하지만 솔직히 나는 기숙 학교에 다니는 게 어떤 건지 잘 몰라. 영국의 기숙 학교 생활은 더욱 모르고. 내가 아는 거라곤 영국 소설에서 읽은 내용이 전부란다. 소설 속 기숙 학교 생활은 잔인하던데, 네가 다니는 학교는 그렇지 않은 것 같아서 다행이라고 생각해.

너도 알다시피, 나는 노동 계층 가정에서 자랐어. 기숙 학교가 무엇인지 전혀 몰랐다는 의미지. 사실, 자라면서 기숙 학교라는 말을 한 번도 들어 본 적이 없단다. 너와 내가 얼마나 다른 세계 출신의 사람인지 말하려는 거야. 이전 편지에서 우리의 나이 차를 이야기한 적이 있는데, 우리가 살아온 환경도 차이를 만들어 낸단다. 우리가 너무나 다른 곳에서 지냈다는 말은 좋거나 나쁜 게 아니라 그저 있는 그대로의 사실이야. 그래도 나는 우리가 서로 잘 통할 수 있다고 기대해. 생각해 보면, 내 아버지와 나도 서로를 잘 이해할 수 있었거든. 아버지는 학창 시절에 매일 말을 타고 등교하던 사람이었는데 말이야.

내가 영국 소설 속 기숙 학교에 대해 받은 또 다른 인상은 그곳이 학생들의 성품 형성에 전력하는 기관이라는 점이야. 영국에서는 사람들의 말씨와 '행동거지'로 출신 학교를 알아맞힐 수 있을 것 같단다. 너도 미국에서 몇 년을 지내봐서 알겠지만, 미국의 학교들은 많이 다르잖니. 영국 학교들은 특정한 사람들을 만들어 내는 작업에 확실하게 관여하지. 영국이 이런저런 전쟁에서 거둔 승리는 이튼칼리지 운동장에서 거둔 승리라는 말을 가끔 듣는단다. 그 말이 사실이라면, 그것은 좋은 일이기도 하고 나쁜 일이기도 하지만, 설령 나쁜 결과로 이어진다 해도 적어도 누군가는 노력하고 있다는 뜻이겠지.

이런 두서없는 말을 하는 이유는 네가 기숙 학교에 다니게 되면서 예상하지 못했을 현실을 직면하게 될 것 같아서란다. 네 친구들이 기독교 신앙에 대한 네 가족의 확고한 헌신을 비뚤어졌다고까지는 아니더라도 상당히 특이하다고 볼 거라는 말이지. 부모님과 떨어져서 그런 학교에 다니다 보면 네가 그리스도인이라는 사실이 얼마나 특이한 일인지 깨닫게 될 거다. 너는 그리스도인이 되는 것에 대해 한 번도 생각해 본 적 없는 학생들과 친구가 될 테니까. 하지만 너로 말하자면 어머니가 최근에 주교가 되셨지. 안됐지만 너의 운명은 정해진 듯하구나. 그리스도인인지 아닌지는 너에게 언제나 더없이 중요한 문제일 거야. 네 인생에서 그리스도인으로 산다는 것의 의미를 자문해야 할 시기가 다가오고 있기에, 나는 너에게 믿음의 덕을 소개하고 싶다.

너는 철들어 청년이 되어 가고 있으니 이전에는 상상도 못했던 난관들을 마주하게 될 테지. 그중 하나가 그리스도인으로서 인생을 헤쳐 나가야 한다는 도전일 거야. 기독교 전통에만 있는 몇 가지 덕이 있는데, 바로 소망, 믿음, 사랑이란다. 소망과 사랑은 전에 언급했으니, 이제 믿음을 생각해 보자.

이상한 일이지만, 이 편지의 주제가 믿음인 이유는 내가 앞에서 거론한 우려 때문이라기보다는 고양이 때문 같구나. 작년에 쓴 편지에 내가 우리 고양이 이든이 죽었다는 이야기를 했으니 아마 폴라와 내가 고양이, 특히 샴고양이를 굉장히 좋아한다는 사실을 너도 알겠지. 터크라는 고양이는 스물두 살까지 살았는데, 내가 결혼 전부터 기르던 녀석이란다. 하지만 폴라와 내가 함께 살자마자, 터크는 폴라의 고양이가 되기로 선택했지. 터크가 죽었을 때 우리 둘 다 아주 슬펐어. 애도의 기간이 지난 후에 우리는 고양이 두 마리를 샀단다. 암컷은 이든, 수컷은 엔다라고 이름 지었다. 작년에 이든이 죽고 나서 얼마 후에 엔다도 죽었어. 둘 다 열여덟 살이었지. 우리는 무척 슬펐단다. 우리는 두 고양이를 사랑했고 그 둘의 독특한 개성을 소중히 여겼어.

녀석들이 죽은 뒤에 우리는 새 고양이를 들이기 전에 6개월 정도를 기다렸어. 그 후 태어난 지 두 달 정도 된 암컷 샴고양이 둘을 발견했지. 녀석들의 이름을 '믿음'과 '소망'이라고 지었어. 당연한 일이지만 새끼 고양이는 모든 것에 관심을 보인단다. 믿음과 소망도 그랬어. 지금도 여전해. 녀석들을 보고 있으면 즐거워. 서로 떨어질 줄 모르고 계속 논단다. 샴고양이라서 사람도 아주 좋아해. 우리는 이미 녀석들과 사랑에 빠졌단다.

솔직히 말하면, 작년에 이든이 죽은 이야기를 썼던 터라 새로 고양이 이야기를 하는 것이 다소 주저되는구나. 내가 고

앙이에게 과도하게 집착한다는 인상을 줄까 봐 그래. 내가 고양이를 좋아하는 건 사실이지만, 여기서 녀석들 이야기를 꺼낸 이유는 믿음과 소망이라는 이름 때문이야. 내가 너에게 믿음을 권하는 이유 중에는 이제 거의 매일 '믿음'이라는 단어를 사용할 이유가 생긴 덕분이기도 해. "믿음, 이리 와", "믿음, 그러면 안 돼"라고 매일 말하거든. 그러니까 나에게 믿음은 네 삶에서 믿음이 일상인 것과 똑같은 방식으로 일상이란다. 웰스 집안에서 그리스도인으로 사는 것은 물을 마시는 일만큼 자연스럽잖니. 하지만 이제 너는 '세상으로 들어갔'고 네가 그리스도인이 되는 것은 당연한 일이 아니야. 이제 너는 네가 그리스도를 따르는 이유를 말하는 일이 평생의 과업이라는 사실을 알게 될 거다.

하나님을 믿는다고 말하면 그리스도인이 된다고 생각하는 그리스도인이 많아. 믿음을 그렇게 표현하는 타당한 이유들이 있기는 하지만, 이런 표현 방식은 오해의 소지가 있단다. '믿음'이 일종의 '신념'이 되기 때문이지. 그렇게 되면, 그리스도인이 된다는 것이 하나님에 대한 일련의 명제를 받아들이는 일로 보일 수 있단다. 그리고 많은 사람은 그리스도인으로 존재하는 것이 아침식사 전에 스물여섯 가지 불가능한 일을 믿는 것이라는 결론을 내리지.

우리가 섬기는 하나님이 기이한 일을 행하시는 대단히 특별한 하나님이라는 신념과 믿음은 분명 관련이 있어. "이스라엘아, 내가 너를 내 약속의 백성으로 삼고자 선택했다." 하지만 믿음의 핵심은 일련의 신념을 받아들이는 게 아니야. 믿음은 덕이야. 즉, 교회라는 공동체의 일원이 됨으로써 가능해지는 덕이란다. 그 공동체에서 우리는 신뢰할 만한 사람이 되는 습관을 익히지. 우리가 신뢰할 만한 사람이 된다는 점에 놀랄 필요는 없어. 교회는 약속을 지켜야 한다고 생각하는 사람들로 이루어지잖니. 신뢰와 믿음은 깊은 연관이 있단다.

불행히도, 일부 그리스도인들은 우리가 믿는 바가 '증명'될 수 없다고 생각해. 그래서 '누구나 무언가는 믿어야 하기' 때문에 믿음이 필요하다고 생각하지. 믿음은 반대의 증거에도 불구하고 '하나님이 존재한다고 믿겠다'는 단호한 자세가 아니란다. 믿음은 아브라함을 고향에서 불러내신 하나님이 그분의 약속에 충실하실 거라고 신뢰할 수 있다는 인정이야. 그런 측면에서 믿음은 내가 하루 일과를 마치고 집으로 돌아갈 때 갖는 기대와 비슷하지. 나는 우리 집 고양이 믿음이 나를 반겨 줄 거라고 믿을 수 있어. 그것을 믿으려고 **노력**하지 않아. 그저 믿음이 나를 반겨 줄 거라는 사실을 **알지**. 이와 비슷하게, 그리스도인들은 X나 Y를 믿으려고 노력할 필요가 없어. 그들은 예수님의 부활이 없이는 자신의 삶을 이해할 수 없었기에 예수님이 죽은 자들 가운데서 부활하셨다는 사실이 믿어지는 사람들이거든.

로마서 4장에서 바울은, 아브라함이 도덕적으로 대단히 고결한 사람이어서 의롭다고 여김을 받은 것이 아니라고 주장한단다. 또 그는 율법이 아브라함을 의롭게 만들 수 없었다고 지적하지. 왜냐하면 그때는 율법이 주어지기 전이었거든. 아브라함의 의가 가능했던 이유는 오로지 하나님의 은혜가 믿음을 가능하게 만들기 때문이야. 그래서 믿음을 이해하는 최선의 방법은 이거야. 즉, 하나님이 우리 죄가 우리와 하나님의 관계를 결정하도록 내버려 두길 거부하시고 우리를 받아 주시는 것이라고 말이야. 하나님이 존재하신다고 믿더라도 그에 힘입어서 우리가 우리 자신에 대해 고향을 떠나 여행에 나선 하나님의 백성임을 발견하지 못한다면 그 믿음은 별로 소용이 없단다.

하나님은 아브라함에게 가나안 땅만 약속하시지 않았어. 아브라함은 큰 민족의 조상이 될 거라는 약속도 받았지. 당시 아브라함과 그의 아내 사라는 나이가 많아서 아이를 낳을 수 있는 시기를 훌쩍 넘긴 상태였는데 말이야. 바울은 아브라함을 칭송해. 그가 "믿음이 없어 하나님의 약속을 의심하지 않"

았기 때문이지. 그는 "믿음으로 견고하여져서 하나님께 영광을 돌리며 약속하신 그것을 또한 능히 이루실 줄을 확신하였으니 그러므로 그것이 그에게 의로 여겨졌"단다(롬 4:20-22). 결국 믿음은 한결같이 자기 백성을 돌보시는 하나님에 대한 신뢰의 문제인 거야.

하지만 너에게 솔직히 고백하자면 나는 강연할 때나 글을 쓸 때 '믿음'이라는 단어를 거의 사용하지 않아. 그 이유는 지금까지 암시했듯이, '믿음'이 인식론적 개념이라는 추정에 저항하기 위해서야. '인식론'이라는 단어가 지금 네가 쓰는 어휘보다 수준이 높다는 점은 나도 알아. 하지만 이 단어는 우리 세계를 우리 세계로 만드는 단어들을 이해하려는 시도를 의미하는 것뿐이란다. 나는 '믿음'(faith)보다는 '신실한'(faithful)이라는 단어를 쓴단다. 우리의 '신실함'은 예수님을 따르려는 시도로 이해할 수 있고 그렇게 이해해야 하거든. 예수님은 그분의 인도하심을 신실하게 따라가는 제자가 되라고 우리를 초청하셔. 믿음과 제자도가 상호 의존적이라는 뜻이지.

확실히 알기는 어렵겠지만, 나는 종교개혁 시기에 믿음이 인식론적 범주에 속하게 되었다고 추측해. 개신교도들의 주장에 따르면, 가톨릭교도들은 의로워지기 위해 선행이 필요하다고 믿었고, 마르틴 루터(Martin Luther)는 우리가 믿음으로 완전해질 수 있는 건 오직 하나님의 은혜 덕분이라고 주장했어. 이렇게 해서 종교개혁의 유명한 '법칙', 즉 우리가 선행이 아니라 하나님의 은혜로 구원을 받는다는 법칙이 생겨났지. 개신교도들은 가톨릭교도들이 '선행에 의한 의'를 추구한다고 비판했어. 선행이 있어야 구원받을 수 있다고 생각한다는 이유로 말이야. 종교개혁의 이 이슈를 둘러싼 논쟁을 엉터리 양자택일로 보는 이들이 점점 늘고 있다는 소식을 알리게 되어 기쁘구나. 의는 믿음이냐 선행이냐의 문제가 아니라, 우리가 그리스도를 신실하게 따르는 자인지 아닌지의 문제란다.

이렇게 해서 결국 네가 기숙 학교에서 직면한 세상으로 되돌아왔구나. 그리 멀지 않은 과거에만 하더라도, 영국인과 그리스도인은 같은 말로 여겨졌단다. '기독교를 믿는다'는 말은 신분을 말해 줄 뿐, 고된 임무나 여행에 나서서 익히게 되는 습관의 산물인 덕을 의미하지는 않았어. 이미 도착했다고 생각했기 때문에 여행에 나설 필요가 없었던 거야. 다행히도 영국인과 그리스도인이 동의어로 간주되던 세상은 이제 사라졌지. 하지만 너는 주교 어머니를 둔 아들인 이상 하나님에 대한 믿음을 갖는 편이 나을 듯해. 하나님이 아주 다른 방식으로 네 인생을 특이하게 만드실 방법을 찾아내셨으니 말이다. 너는 특이하게 사는 것과 믿음의 사람이 되는 것이 "나는 그리스도인입니다"라고 말하는 다른 방식일 수 있다는 사실을 알게 될 거야. 그리고 "나는 성령의 일하심을 통해 우리 주 예수 그리스도의 아버지 하나님을 믿습니다"라고 말할 수 있는 것이 그 무엇보다 중요함도 알게 될 거란다.

평화와 사랑을 담아
스탠

성품

～ 2017년 1월 31일 ～

로리에게

이 편지는 다르단다. 네 세례 기념일에 맞춰서 쓰는 편지도 아니고, 너에게만 쓰는 편지도 아니거든. 이 글을 쓰는 지금, 나는 너에게 쓴 편지들이 출간될 거라는 사실을 알고 널리 읽히기를 바라고 있어. 그럼에도 무엇보다 도덕적 삶의 본질을 다룬 이 편지들에 담긴 사색이 너에게 유용했으면 한단다. 이제 네가 '어른'이 될 날도 멀지 않았구나. 그런데 '어른이 된다'는 게 무엇인지 나도 잘 모르겠다. 일흔여섯이지만 내가 어른이 되었는지 아직도 확신이 서지 않아. 하지만 바른 성품의 소유자는 적어도 자신의 부르심에 합당한 존재가 된다는 의미 아닐까 싶다. 즉, 너는 성품이 좋은 삶에 얼마나 중요한지 발견해 나가고 있는 셈이지.

나는 윤리학을 생각하는 사람들에게 평생에 걸쳐 이 생각을 심어 주려고 노력해 왔어. 좋은 삶의 의미를 제대로 설명하기 위해서는 성품과 덕이 필수라는 점을 말이야. 성품과 덕은 우리가 내리는 결정과 선택에서 드러나지만, 우리가 어떤 **종류**의 결정과 선택을 내릴지는 성품이 결정해. 작가 아이리스 머독(Iris Murdoch)은, 결정이란 우리에게 남은 마지막 선택지를 고르는 것이라고 주장했는데, 나는 그 말이 옳다고 생각해. 그녀는 모든 사람이 결정을 내린다는 사실을 부정하는 것이 아니라, 성품이 바른 이들에게는 자신의 결정이 결정으로 보이지 않는다는 말을 한 거란다. 그들은 자신이 내린 결정 이외의 다른 결정을 할 수 없었을 테니 말이야.

이것은 아주 분명해 보이지만, 이 책에 성품을 도입하면서 생기는 많은 개념적 문제들을 무시해서는 안 된단다. 그중 큰 문제는 우리가 누군가에게 훌륭한 성품을 가졌다고 칭찬할 때 그 의미가 무엇인지 결코 명확하지 않다는 민망한 사실이야. 우선, 성품은 덕의 총합이 아니란다. 덕의 총합 같은 것이 존재하는지도 분명하지 않지.

또 하나, 덕은 우리가 구체적 방식으로 행동함으로써 우리 안에 스며든단다. 아리스토텔레스식으로 표현하자면, 덕은 그에 상응하는 활동으로 개발되는 거야. 이 말도 분명해 보이지만 '상응하는'이라는 단어가 모호하기 때문에 그 의미가 까다로워. 하지만 삶의 방식을 구성하는 실천과 활동을 훈련하면서 익히는 습관들이 덕이라는 사실은 변함이 없단다. 그렇다고 성품이 어떤 한 가지 활동이나 삶의 형식과 상관관계가 있어 보이지는 않는구나. 그보다는 한 사람의 일반적 성향처럼 보이지. 이 성향은 근원을 알 수 없기에 상당히 신비로워. 그리고 이 성향이 있는 사람이 있고, 없는 사람도 있는 것 같아.

아리스토텔레스는 다양한 덕이 마침내 통합되어야 한다고 확실히 믿지만, 성품이 그 통합체를 가리키는 이름이라고 보는 것 같지는 않아. 우리가 이생에서 그런 통합을 이룰 수 있는지도 불분명하지. 하지만 덕은 올바른 성품의 소유자가 실행할 만한 방식으로 실행에 옮겨져야 한단다. 이것은 아리스토텔레스에게서 자주 보이는 순환 논증이고, 꼭 나쁘지만은 않아. 하지만 많은 문제를 명쾌한 답변 없이 남겨 두지.

아리스토텔레스는 바른 성품의 소유자에게는 선에 따라 결정되는 삶을 살 수 있게 해 주는 "타고난 통찰의 능력"이 있다고 말한단다. 이 대목에서 그가 성품을 둘러싼 문제들을 놓고 고민한 흔적이 느껴져. 하지만 이런 능력이 따로 있다고 해도 우리가 우리 성품에 책임이 없다는 의미는 아니야. 설령 아리스토텔레스가 말한 대로 우리의 성품이 "감지할 수 없는 특정한 단계들"의 결과라고 해도 말이야. 분명히 그는 성품이 바른 사람은 단지 행운이라는 취지의 말을 하기는 했어.

이런 점들을 고려하면, 나쁜 사람도 자기도 모르는 사이에 좋은 성품을 가질 수 있다는 점이 참 흥미롭지. 상황을 이런 식으로 표현하는 것이 적절해 보이지는 않아. 사람과 성품을 분리할 수 있다는 말이 되니까 말이야. 하지만 우리는 어떤 사람이 못된 성품을 갖고 있다고 종종 말하지 않니? 이 부분을 어떻게 바로잡아야 할지 잘 모르겠지만, 이런 문제들은 성품의 보유가 결코 간단한 일이 아님을 보여 준단다.

아리스토텔레스는 어떤 이들이 성품을 둘러싼 모호함을 핑계 삼아 바른 성품을 지닌 사람이 될 책임이 없다는 결론을 내릴지도 모른다고 염려해. 하지만 그에 따르면 불의하거나 무절제한 사람은 그 지경에 이르지 않도록 어느 시점에서 선택을 내릴 수 있었어. 그들에게는 부정적 특성들을 자발적으로 습득한 책임이 있다는 뜻이야. 일단 이런 특성들을 습득하면, 불의한 사람이나 무절제한 사람은 지금과 같은 모습이 될 수밖에 없다고 아리스토텔레스는 결론을 내린단다.

이 마지막 문장은 성품이 지금 우리가 '성격'이라고 알고 있는 단어와 의미가 같을 수 있다고 말하는 셈인데, 이해할 법하지만 잘못된 말이란다. 우리가 개인의 성격을 생각할 때 외향적/내성적, 친절한/계산적인, 자기희생적/자기중심적, 관대한/인색한, 행복한/불행한 등의 묘사어들을 떠올리잖니. 이 목록은 무한히 계속될 수 있고 우리에게 영향을 주는 문화의 차이만큼이나 다양할 수 있어. 이런 목록을 어떻게 이해해야 할까? 성품이 우리가 어떤 사람인지를 말한다면, 우리가 성격과 연관 지어 생각하는 특성들을 성품의 개념과 일부 공유하겠지. 하지만 그렇다고 해서 성품이 성격을 가리키는 다른 단어라고 할 수는 없단다. 성품은 성격과 달리 자기 지식을 요구하는 것처럼 보이거든.

물론, 성품과 성격이 서로 독립적이지 않을 수도 있어. 예를 들어, 우리는 종종 누군가를 두고 "거참 괴짜야"(quite some character) 또는 "별난 인간이야!"(What a character!)라고 말해. 이런 표현들은 늘 칭찬은 아닐지 몰라도 가리키는 대상이 상당히 독특하다는 뜻이야. '상당한 괴짜'(quite a character)는 성품이 바른 사람(person of character)일 수도 있고 아닐 수도 있어. 이 말은 성품이 바른 사람이 되는 것이 별난 사람이 되는 것보다 훨씬 더 중요한 문제임을 보여 준단다.

하지만 나는 성품과 성격의 이런 연관성이 성품이 바른 사람은, 곧 독특한 사람임을 제대로 짚어 낸다고 생각해. 달리 표현하면 그들에게는 특정한 '제멋'이 있어. 다른 누구의 설명이 필요 없는 자기만의 생활 방식을 개발한 사람이라는 뜻이야. 다시 말해, 제멋을 아는 사람은 자신이 보이는 그대로의 사람이라는 자기 확신이 있어. 이런 지식은 성품이 좋은 사람의 특징이고, 그러니 그들은 그들의 모습에 걸맞은 특정한 방식으로 행동할 수밖에 없는 셈이야.

네 아버지는 성품에 대해 생각하는 한 가지 방식을 제안했는데, 내가 지금까지 말하려고 노력해 온 바와 상당 부분 양립 가능해 보이는구나. 네 아버지는 성품이 아무도 보지 않을 때의 우리 모습이라고 말한단다. 성품을 이렇게 정의하면, 성품이 바른 사람은 자신의 모습에 만족하기 때문에 자기가 아닌 다른 사람이 되려고 노력할 필요가 없지. 혼자 있든 다른 이들과 함께 있든, 그는 같은 사람이야. 모든 삶은 우발적 사건들로 이루어지는데, 이런 사건들을 거치면서 그는 자신의 정체성을 규정하는 (것으로 스스로 믿는) 삶의 이야기를 갖게 돼. 이것이 좋은 성품을 갖춘 사람이라는 말의 의미란다.

성품이 자기 지식을 요구하거나 다른 방식으로는 구할 수 없는 자기 지식을 가능하게 만든다는 것은 덕을 습득하기 위해 성품이 맡는 역할을 이해하는 데 필수적 통찰이야. 성품이 바른 사람들은 스스로를 잘 알기 때문에 솔직하고 정직한 자기 평가가 가능해. 이런 종류의 자기 지식은 다른 이들과의 상호 작용에 영향을 주지. 간단히 말하면, 그들은 함께 있으면 즐거운 사람들이야.

성품은 성격보다 더 풍부한 개념이지만, 사실 둘 사이에 여러 유사점도 있어. 예를 들어, 용기를 습득하고 훈련하는 방식은 사람마다 다른데, 성품과 성격 모두 각 사람에게 뭔가 독특한 점이 있다고 말하거든. 성품과 그것을 통해 형성되는 덕은 우리 삶의 우발적 특성을 반영한단다. 이 말은 우리가 바른 성품을 갖출 때 회고적 판단이 가능하고, 이를 통해 자신이 누구인지 발견한다는 의미야. 다시 말해, 우리는 삶을 정면으로 응시하고 살아간다고 생각하지만, 덕스러운 삶을 위해서는 뒤돌아보는 과정이 반드시 필요하다는 말이지. 덕스러운 삶을 위해서는 우리가 올바르게 행동했는지 판단해야 하고, 그에 비춰서 특정한 행동을 미래에 되풀이해야 하는지, 아니면 바로잡아야 하는지도 판단해야 하거든.

내가 앞에서 언급한 대로, 알래스데어 매킨타이어는 그의 책 『덕의 상실』에서 제인 오스틴이 거론하여 우리의 주목을 끌기 전까지는 이름도 붙지 않았던 한결같음의 덕을 오스틴이 창조 내지 발견했다고 썼단다. 오스틴은 이 덕을 영국 해군 함장의 생활 특성과 연결시켰어. 그녀의 오빠가 해군 함장이었거든. 한결같음을 덕으로 분류하는 것이 이전에는 불필요했을 수도 있어. 전에는 인내할 줄 아는 사람이 되기 위해서 용기가 필요한 것처럼 바른 성품을 갖기 위해서도 용감해야 한다고만 이해했으니까. 내가 한결같음을 거론하는 이유는 그것이 성품에 따라오는 결과와 상당히 비슷해 보여서란다. 바른 성품을 갖는다는 말은 한결같은 사람이 된다는 의미야. 이 말은 성품이 바른 사람이, 곧 신뢰할 수 있는 사람이라는 말의 다른 표현일 수 있지.

데이비드 브룩스(David Brooks)는 「뉴욕타임스」에서 문화와 정치를 다루는 인기 작가인데, 그가 최근에 『인간의 품격』(*The Road to Character*, 부키)이라는 책을 썼단다. 상당히 좋은 책 같더구나. 그는 철학자가 아니지만 철학적 직관이 뛰어난 사람이야. 그는 내가 시도했던 것처럼 품격(바른 성품)이 무엇인지 개념적으로 파악하려 하지 않아. 그 대신, 그가 볼 때 인생에서 품격을 보여 준 사람들의 짧은 전기를 모아 책을 썼지. 그는 드와이트 아이젠하워, 조지 마셜, 조지 엘리엇, 프랜시스 퍼킨스 같은 사람들을 선택했어. 그들에 대한 그의 묘사는 성품 연구라는 생각이 들 정도란다. 그가 찬사를 보내는 사람들에 대한 그의 설명에 동의하지 않을 수도 있겠지만, 그의 근본적 직관은 타당해 보여. 실제 예를 통해 성품이 무엇인지 파악하는 방법이 최고라는 그의 생각이 옳다는 뜻이야.

브룩스가 바른 성품을 지닌 사람들의 명단을 선택하는 데 큰 틀로 작용한 기본 주장이 있어. 그는 현재의 우리 삶을 형성하는 두 종류의 덕이 있다고 말한단다. 이력서용 덕과 추도사용 덕이야. 이력서용 덕은 시장에서 중요하게 생각하는 효율성과 시간 관리 같은 것들이야. 추도사용 덕은 누군가 세상을 떠나면 다른 사람들이 그를 칭찬할 때 거론하는 성품의 여러 측면이지. 겸손, 자비, 용기가 추도사용 덕의 예들이란다. 물론, 추도사는 장례식 때 하는 연설이니, 추도사용 덕을 말하려면 죽음에 대해서도 뭔가를 말해야 할 듯하구나.

성품은 결국 죽음을 앞두고도 우리의 삶이 살 만한 것이 되게 만드는 단호한 지향이야. 내가 말한 대로, 바른 성품을 갖추면 우리 삶이 우리의 것이 되게 해 주는 자기 지식이 따라온단다. 그런 지식은 이야기의 형태로 나타나는데, 그 이야기는 종종 마구잡이로 섞여 있는 듯 보이는 우리 삶의 우연한 사건들을 연결해서 이해할 수 있게 도와주지. 그리스도인으로서 우리는 이스라엘을 불러내신 일과 그리스도의 생애, 죽음, 부활을 통해 드러난 하나님의 돌보심과 사랑 안에서 그 이야기를 찾을 수 있다고 믿는단다. 우리는 우리가 죽을 존재라는 사실을 알아. 어차피 죽을 운명 앞에서 덕스럽고 좋은 성품에 충실한 삶이 부질없어 보일 수도 있지. 하지만 우리 그리스도인들은 그와 다른 삶은 상상할 수 없어. 그리스도인들에게 자기 지식이란, 그리스도를 따르는 사람답게 살지 않을 때 그 사실을 인식하게 해 줄 자원이 있다는 의미이기도 한데, 이런 자원을 다른 말로 친구라고 한단다.

브룩스가 이력서용과 추도사용으로 덕을 분류하는 일의 중요성을 제대로 이해했는지는 분명하지 않아. 장례식장에서도 고인의 생애를 긍정적으로 말하기가 상당히 어려운 때가 종종 있어. 그런 삶은 잘못되었다가 다시 회복되지 못한 것 같거든. 그런 삶은 분명히 존재하고, 이력서용 덕이 가득하기만 하면 그런 삶도 문제가 없다고 여겨질 때가 많지. 하지만 그리스도인들은 이력서용 덕에 비춰 볼 때 성공하지 못한 이들일지라도, 예를 들어, 그들이 가난한 중에 넉넉하게 나누었다면 그 삶을 기린단다. 그 이유는 우리가 성공이라는 목적을 위해 부름받은 존재가 아님을 알기 때문이야. 우리는 주님을 찬양하기 위해 태어났고, 이 목적은 흥미롭게도 우리에게 주어진 삶에 만족하게 해 준단다. 기독교 역사를 보면 이 사실을 알 수 있어. 기독교 역사 속 그리스도인들은 기독교 신앙 때문에 고난을 당하는 와중에도 자신들에게 주어진 삶 외의 다른 삶을 원하지 않았거든.

바울은 로마서에서 바로 이런 모습을 보여 주지. 그는 감옥에 있지만, 자신의 삶을 전혀 후회하지 않아. 오히려 고난이 자랑스럽다고 주장해. 왜냐하면 "환난은 인내를, 인내는 연단을, 연단은 소망을 이루는 줄 앎이로다. 소망이 우리를 부끄럽게 하지 아니함은 우리에게 주신 성령으로 말미암아 하나님의 사랑이 우리 마음에 부은 바 됨이니"(롬 5:3-5).

네게 편지 쓰던 일이 그리워질 듯하구나. 이 편지들 덕분에 내가 중요하다고 믿는 문제들을 생각해야 했거든. 이 마지막 편지는 편지를 쓸 당시의 너와 교감할 수 있게 쓰려던 시도와 맞지 않음을 알아. 이전 편지들에서도 그런 시도가 성공적이었던 것 같지는 않다만, 그래도 어쨌든 노력은 했단다. 나는 네가 매일같이 직면하는 어려움들을 알지 못하고 사람들이 말하는 대중문화에 대해서도 전혀 모른단다.

하지만 이 편지, 이 책을 마치기 전에 우리 사회와 정치에서 새롭게 나타난 사태를 언급해야겠구나. 우리는 공적 생활과 정치에서 진실이 더 이상 중요하지 않은 시대에 접어든 것 같아. 너처럼 좋은 성품을 지닌 사람들은 이런 세상을 헤쳐 나가기 어려울 거야. 이런 세상에서 살아가는 방법에 대해 내가 권할 말은 '거짓말하지 말아라' 이 한마디뿐이다.

할 말이 그뿐이냐고 물을 수도 있겠지. 거짓말하지 않는 것은 덕이랄 것도 없어 보이니 말이다. 대부분의 사람은 거짓말은 잘못이라고 생각하고, 이 사실 때문에 오히려 문제가 복잡해진단다. 거짓말이 잘못이라는 일치된 의견 이면에는 거짓말이 무엇인가를 둘러싼 혼란이 숨어 있고, 이것이 미국에서 최근에 일어난 여러 사건으로 분명히 드러나고 있어. 거짓말에 대한 올바른 이해는 거짓인 줄 아는 말을 속이기 위한 의도적 행위겠지만, 우리는 종종 진실이 무엇인지 모를 때가 있잖니. 그래서 오스트리아 출신의 영국 철학자 루트비히 비트겐슈타인(Ludwig Wittgenstein)은 그의 책 『문화와 가치』(*Culture and Value*, 책세상)에서 이렇게 말해. "이미 진리 안에 머물고 있는 자만이 진리를 말할 수 있다. 허위 가운데 살면서 거기서 벗어나지 않은 채 진리를 향해 손만 내미는 사람은 진리를 말할 수 없다."

이 편지들에 담긴 덕에 대한 설명이 네가 진리에 머무는 데 도움이 되면 좋겠구나. 진리에 머무는 일은 결코 쉽지 않아. 종종 우리는 소중한 사람들의 사랑이나 존경을 잃을까 봐 겁이 나서 "진리를 가린다." 진리에 머무는 일은 부담스럽기도 하지. 스스로 실패자임을 인정할 수밖에 없는 실상을 직면하기가 두려워서 우리 자신에게 먼저 거짓말을 하는 경우도 많고 말이야. 한마디로, 우리는 사악해서가 아니라 선한 존재로 남고 싶어서 스스로에게나 다른 이들에게 거짓말을 한단다.

거짓말을 피하게 해 줄 진리론을 찾고 싶겠지만, 많은 사람이 이제 그런 이론은 없다고 생각해. 이것은 새로운 문제가 아니야. 우리는 진리에 머무신 분이자 진리 자체였고 여전히 진리라고 우리가 믿는 분을 중심에 둔 전통의 후계자들이란다. 별 볼 일 없는 로마의 한 관리는 이분이 세상에 진리를 증언하러 왔다는 말을 듣고 회의론자의 질문을 던졌지. "진리가 무엇인가?" 그는 답을 얻지 못했어. 그의 질문에 대한 묵묵부답은 회의주의에 대한 답은 이론이 아니라 본이 되는 삶이라는 사실을 말해 주었지. 비트겐슈타인에 따르면, 진리에 머무는 삶은 교만을 억제하는 훈련을 견딘 삶이란다.

나는 네가 진리에 머무는 길에 들어섰다고 믿는다. 이것을 결코 당연하게 여기지 말려무나. 진리 안에서 살다 보면 어려움을 겪을 수도 있지만, 그 삶의 끝에 서서 뒤돌아볼 때 네가 살아온 삶 아닌 다른 삶은 원치 않게 될 거야. 내 친구 샘 웰스가 말한 대로, 진리를 구현하는 것들만 오래오래 남을 거란다. 그런 삶을 산다면 너는 물론이고 네 이웃에게도 유익할 테지. 이 시대를 살아가는 그들은 어찌할 바를 모를 테니 말이야. 그러니 거짓말하지 말아라. 진리에 머물기 위해서는 내가 권했던 모든 덕—과 더 많은 덕—이 필요할 거야. 나는 그것이 힘든 일임을 알고 있어. 고통이 따를 수도 있겠지. 하지만 우리가 바울에게서 배운 대로, 환난은 인내를 낳고, 인내는 연단된 성품을 낳고, 연단된 성품은 소망을 낳고, 소망은 우리를 실망시키지 않거든. 이 말이 언제나 너의 좌우명이 되기를 바라마.

평화와 사랑을 담아
스탠

옮긴이 **홍종락**은 서울대학교 언어학과를 졸업하고, 한국 사랑의집짓기운동연합회에서 4년간 일했다. 지금은 전문 번역가로 일하고 있으며, 번역하며 배운 내용을 자기 글로 풀어낼 궁리를 하고 산다. 저서로 『나니아 나라를 찾아서』(정영훈 공저, 홍성사)가 있고, 역서로는 『한나의 아이』『사랑과 정의』『기억의 종말』『우물 밖에서 찾은 분별의 지혜』『즐거운 망명자』『예수님이 차려주신 밥상』『마음 뇌 영혼 신』『보물 같은 성경 이야기』『하나님이 내게 편지를 보내셨어요 1, 2』(이상 IVP), 『개인 기도』『영광의 무게』『오독』(이상 홍성사), 『수상한 소문』『어둠 속의 비밀』(이상 포이에마), 『올 댓 바이블』『C. S. 루이스』(이상 복있는사람) 등이 있다. '2009 CTK(크리스채너티투데이 한국판) 번역가 대상'과 2014년 한국기독교출판협회 선정 '올해의 역자상'을 수상했다.

덕과 성품

초판 발행_ 2019년 1월 2일
초판 6쇄_ 2024년 11월 15일

지은이_ 스탠리 하우어워스
옮긴이_ 홍종락
펴낸이_ 정모세

펴낸곳_ 한국기독학생회출판부
등록번호_ 제2001-000198호(1978.6.1)
주소_ 04031 서울시 마포구 동교로 156-10
대표 전화_ (02)337-2257   팩스_ (02)337-2258
영업 전화_ (02)338-2282   팩스_ 080-915-1515
홈페이지_ http://www.ivp.co.kr 이메일_ ivp@ivp.co.kr
ISBN 978-89-328-1669-2

ⓒ 한국기독학생회출판부 2019

책값은 뒤표지에 있습니다.
무단 전재와 복제를 금합니다.